MANUEL

ou

JEU DE BILLARD

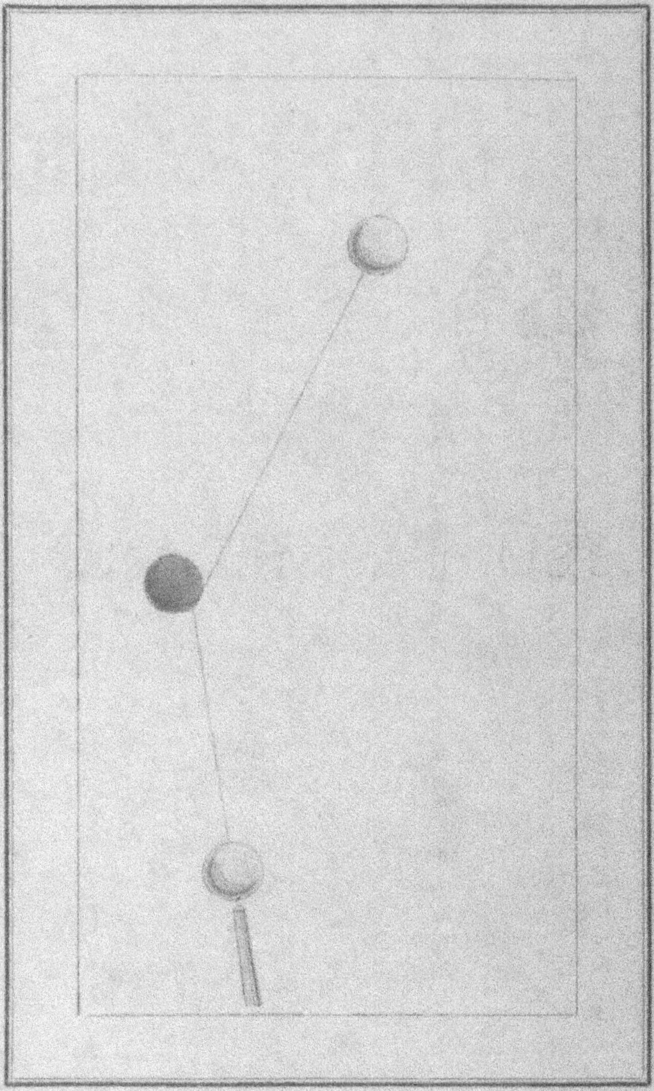

PARIS. — J. CLAYE, IMPRIMEUR, RUE SAINT-BENOIT, 7.

MANUEL

DU JEU

DE BILLARD

CONTENANT

LA THÉORIE DU BILLARD
SES RÈGLES, SES PRINCIPES GÉNÉRAUX
LEURS APPLICATIONS DIVERSES

ETC., ETC.

PAR

DÉSIRÉ LEMAIRE

PRÉCÉDÉ D'UNE PRÉFACE HISTORIQUE

PAR

JULES ROSTAING

Quarante-deux planches

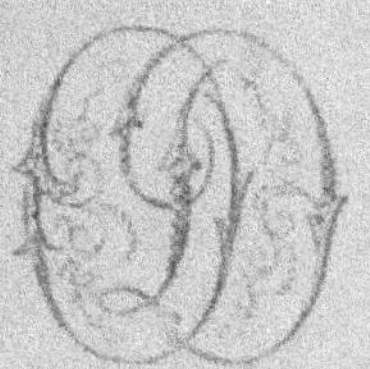

PARIS

DELARUE, LIBRAIRE-ÉDITEUR

RUE DES GRANDS-AUGUSTINS, 3

ET AU DIVAN LE PELETIER

1865

Il a été tiré quelques exemplaires de cet ouvrage sur papier de
Hollande dont le prix est de 25 francs.

PARIS

AU DIVAN LE PELETIER.

MANUEL

DU

JEU DE BILLARD

PRÉFACE.

Nous sommes appelé, — puissions-nous justifier cet honneur, — nous sommes appelé, disons-nous, à faire pour le Manuel de M. Désiré Lemaire, ce qu'il est d'usage, aujourd'hui, de faire pour tout nouveau-venu, dans une société de bonne compagnie : à vous le présenter. Peut-être, cela vous rappellera-t-il cette spirituelle épigramme ethnologique due au crayon d'un de nos plus humoristiques dessinateurs, dans laquelle deux messieurs préméditent leur intrusion au sein de quelque salon à la mode ; — « Cher, dit à peu près celui-ci à celui-là, présentez-moi donc au maître et à la maîtresse de la maison. — Bien volontiers, répond le personnage ainsi interpellé, mais qui me présentera, moi? » Comment se résout la question? Le piquant croquis ne le fait pas savoir; il est probable, toutefois, que le second des deux messieurs, ayant consenti à présenter le premier, celui-ci aura alors rendu le même bon office à son introducteur. Tel est le colloque, nous l'avouons en toute humilité, que nous croyons entendre s'établir entre notre préface et le livre, auquel, avec plus d'autorité, elle devrait, en quelque sorte, servir de passe-port. Mais les préfaces, nous le savons un peu par expérience, sont, de leur nature, beaucoup plus fantaisistes qu'on ne le pense; et il est possible que la nôtre, une fois lancée, vous parle de bien des choses excepté de l'ouvrage intéressant, vraiment professoral et tout à fait nouveau dans son genre, dont nous aurions à nous occuper ici.

Le noble jeu qu'il a pour objet est, d'ailleurs, dans l'ordre des plaisirs utiles et agréables, une de ces vieilles royautés consacrées, affermies, améliorées par le temps, près desquelles il n'est pas permis de passer sans leur rendre un légitime hommage.

Vieille royauté, avons-nous dit, si ancienne, en effet, que son origine se perd dans le crépuscule de l'histoire; aussi, paraît-il assez difficile de préciser cette origine elle-même. Mais, où manque la certitude, en fait de tradition, intervient la poésie, et, suivant cette muse, le billard serait né du jeu de boules; la grossière sphère de bois serait devenue l'aristocratique bille d'ivoire, et le tapis vert sur lequel celle-ci, blanche étoile ou bien astre flamboyant, accomplit ses savantes, quelquefois merveilleuses révolutions, rappellerait le frais gazon où luttaient ses rudes ancêtres. Contentonsnons de cette version qui, probablement, vaut bien toutes les autres.

Mais de cela et de ce que la Grande-Bretagne est, par excellence, le pays des vertes pelouses, sur lesquelles il est tout naturel de jouer aux boules, faut-il admettre, sans autre forme de procès, que le billard soit d'origine anglaise, comme on le prétend quelquefois, sans trop dire à quel propos? Vous rencontrerez à cet égard beaucoup d'incrédules.

Quoi qu'il en ait été, le billard a, depuis longtemps, ses lettres de noblesse chez nous, et, comme on le verra un peu plus bas, il doit à des mains françaises la savante et admirable variété de son jeu actuel.

Nos anciens rois, les princes et les plus grands seigneurs lui ont ouvert leurs palais, leurs châteaux. Sous Charles IX déjà, il faisait partie des meubles de la couronne, si l'on s'en rapporte à ce dire d'un chroniqueur que : le jour de la Saint-Barthélemy, le jeune roi jouait tranquillement au billard, lorsqu'il fut averti que nombre de huguenots fugitifs traversaient ou essayaient, en face du Louvre, de traverser la Seine à la nage, ce qui le fit aussitôt quitter son jeu, pour courir à la splendide et historique fenêtre d'où il arquebusa ses sujets hérétiques.

D'après un autre écrivain, à la vérité, le billard n'aurait été connu à la cour que pendant le règne de Louis XIV : le roi avait besoin d'exercice; son médecin lui conseilla de jouer au billard. Ce qui avait été prescrit comme un remède, devint bientôt un plaisir véritable; le billard participa de la majesté du souverain qui l'élevait jusqu'à lui; il eut ses courtisans, ses favoris; il fit un ministre, et Chamillard — un nom prédestiné à rimer avec billard — lui dut les bonnes grâces de Louis XIV, ainsi que le rappelle cette épitaphe plus flatteuse pour l'amateur éminent que pour le politique habile :

> Ci-gît le fameux Chamillard,
> De son roi le protonotaire,
> Qui fut un héros au billard,
> Un zéro dans le ministère.

Presque tout était grand dans ce temps-là : grands génies et grandes perruques, grandes victoires et grands désastres, grand faste en haut et grande misère en bas, grandes ambitions et grande platitude, grande royauté et grands vices, portés sur de grands talons. Conformant leurs dimensions à la mesure des choses d'alors, les billards, au xviiᵉ siècle, offraient beaucoup plus d'étendue que les nôtres. Celui de Louis XIV avait sa table en marbre, et l'on y jouait avec tout l'attirail d'engins en usage à cette époque. En effet, la queue que nous avons conservée à peu près seule en France, en la perfectionnant, avait pour auxiliaires :

Le râteau, sorte de fourchette à long manche entre les dents de laquelle, lorsque la bille à pousser était éloignée du joueur, on posait le petit bout de la queue, comme les fantassins appuyaient jadis le canon de leur arquebuse ou de leurs mousquets sur sa fourchette de fer.

La houlette, grand bâton terminé par une petite pelle creuse, garnie d'ivoire à son extrémité et qui servait à jouer de très-loin aussi, sans le secours du râteau.

La grande queue, suffisamment définie par son nom.

Enfin la queue dite *cadette*, tenant, comme longueur, le milieu entre la grande queue et celle ordinairement employée.

Jusqu'à la Révolution de 1789, le billard ne sortit guère du domaine aristocratique. Déjà cependant, il avait fait quelques heureux appels à la popularité, et

la cour les avait autorisés, mais comme on ferme les
yeux sur les escapades d'un enfant gâté, en les entou-
rant de paternelles précautions : nul, par exemple, ne
pouvait tenir de billard public sans avoir obtenu, pour
cela, un privilége particulier. Les privilégiés prirent le
nom de billardiers-paulmiers ; ils eurent leurs statuts,
ainsi que leurs réglements confirmés par lettres pa-
tentes, dont les premières sont de l'année 1610, et for-
mèrent une corporation nouvelle, une sorte de conseil
de famille, de garde d'honneur, sous la sauvegarde de
laquelle le jeu royal put déroger jusqu'au populaire.
Il y eut alors cent vingt billards publics à Paris. Près
de deux siècles plus tard, c'est-à-dire en 1789, leur
nombre ne s'était pas même accru de moitié ; la capi-
tale n'en comptait pas plus de deux cents, en effet.
On voit dans quelles salutaires limites les escapades du
noble jeu restaient enfermées.

Il ne fallut rien moins que la Révolution pour briser
ses entraves aristocratiques : la vieille royauté capé-
tienne tomba, précipitée par son attachement au principe miné de l'antique droit absolu ; le billard se fit roi
plébéien ; sa souveraineté est universelle aujourd'hui !
Elle prit un essor tellement rapide, que vingt-trois ans
plus tard seulement, Paris et ses environs possédaient
déjà dix-huit cents billards publics. Nous laissons à un
statisticien plus intrépide que nous la tâche laborieuse
de dénombrer les établissements où l'on en trouve non
plus un, deux ou quatre, mais jusqu'à dix, jusqu'à
vingt, trônant fraternellement dans des salons dont
l'étendue permet au luxe de déployer toutes ses splen-
deurs [1].

1. Avons-nous besoin de citer ce féerique et immense palais du
peuple qu'on appelle le *Café Parisien*, et son émule, le *Café du
XIXᵉ siècle*; puis encore cette vaste, cette étincelante bonbonnière si

L'origine du billard n'est pas, en ce qui le concerne, la seule question qui soit restée à résoudre. Il en est une autre d'un ordre inférieur, mais ayant le privilége de revenir assez souvent sur le tapis, et contre laquelle vous nous saurez peut-être gré de vous avoir mis en garde. Certains rieurs adressent volontiers cette question aux joueurs auxquels ils la croient étrangère :

— Savez-vous pourquoi les billards sont plus grands (ce qui est vrai d'ailleurs) en Provence et en Languedoc que dans tout le reste de la France?

La politesse ou l'espoir, le plus souvent, de trancher de l'Œdipe, parce que vous avez parfois déchiffré un de ces mille hiéroglyphes français que tout journal un peu illustré se croit tenu d'offrir à ses abonnés, vous fait chercher pendant quelques instants; puis, de guerre lasse, cédant à un commencement de curiosité, vous répondez :

— Ma foi, j'y renonce. Pourquoi?

— Pourquoi? répète le questionneur assez lentement pour avoir l'air de faire la partie belle à votre perspicacité, ce qui n'a d'autre résultat que de laisser votre impatience se manifester plus clairement.

— Oui pourquoi? voyons! ajoutez-vous, le cou tendu.

— Eh mais, finit par répondre l'agaçant sphinx, on n'en a jamais rien su, c'est pour cela que je vous le demande !

Et vous êtes payé de votre peine par son hilarité

connue des fins amateurs du jeu de billard qui, en réalité, y voit établi son véritable cercle, ainsi que celui du non moins noble jeu des échecs, si connus, disons-nous, sous le nom de *Divan Lepelletier*, et dix autres parmi les plus remarquables. Un détail seulement, sous forme de chiffre, qui permettra, suivant la maxime latine *Ab uno disce omnes*, d'apprécier le degré de luxe et de confortable de ces louvres du billard : le *Divan Lepelletier* ne brûle pas moins de 10,000 à 12,000 francs de gaz par an.

que vous êtes plus ou moins obligé de partager, bien
que vous puissiez penser que l'inventeur de la plaisan-
terie ne soit pas tout à fait le chevalier de Boufflers,
ni même Émile-Marco de Saint-Hilaire.

Elle vous aura, cependant, appris quelque chose, et
peut-être, si vous parveniez à trouver une réponse sé-
rieuse à la susdite question, verriez-vous votre nom
classé parmi ceux des hommes dont les annales du
billard gardent ou garderont le souvenir : après les
noms des Chamillard, des Mingot, des Sauret, des
Eugène, des Paysan, des Berger, des Désiré...

Puisque ces noms de joueurs émérites, qui ne sont
pas les seuls formant la brillante pléiade des maîtres,
nous sont venus au bout de la plume, consacrons-leur
quelques lignes. Elles compléteront notre courte et rapide notice sur le billard dont l'histoire, croyons-nous,
est encore à faire, on ne sait en raison de quel regret-
table et injuste oubli.

Au premier, au fameux Mingot, on attribue, avec
toutes les apparences du vrai, l'invention du procédé
tel qu'il est aujourd'hui, du moins. Ce n'est pas là son
seul titre à la célébrité qu'il s'est acquise il y a un demi-
siècle. L'anecdote suivante le prouvera :

Cela se passait à une époque où il ne faisait pas bon
d'avoir certaines opinions à soi. La politique avait rapidement fait de Mingot... un joueur de billard de première force. Vous voyez qu'elle a du bon parfois. Nous
ne vous engagerons que médiocrement néanmoins à la
prendre comme moyen de parvenir à la gloire du carambolage ; la voie, ou tout autre analogue, suivie par
ce maître, pourrait bien ne pas être très-généralement
goûtée. Au reste, voici l'exemple de Mingot, appréciez.
Avant de le conduire à l'habileté hors ligne dont il
devait donner des preuves si éclatantes, la politique

avait, en effet, conduit plus rapidement encore le futur professeur dans une solide prison d'État. Il commença par faire ce que font tous les prisonniers, attendu que l'on n'est point là pour autre chose : par s'y ennuyer de cet ennui d'hypocondriaque, d'Anglais spleenitique, qui semble devoir être éternel. Puis l'heure de la délivrance étant arrivée, il supplia le geôlier et le directeur de la prison de l'autoriser à y passer encore quelques jours. Ce directeur était un homme d'esprit à sa manière ; il se dit que l'on avait trop de peine à décider les conspirateurs ou autres à aller en prison pour ne pas profiter de la bonne volonté d'un ex-adversaire du gouvernement qui demandait un supplément de détention comme certains amis sollicitaient quelque grosse sinécure. L'autorisation demandée fut donc octroyée. Une semaine plus tard, Mingot exprima, cependant, le désir de recouvrer sa liberté. Le directeur transmit, en soupirant, l'ordre de lui ouvrir les portes de la prison. En vain cet ingénieux fonctionnaire qui pensait que sans doute le gouvernement emprisonnait ses adversaires pour s'en faire aimer, et qu'en ce cas nul n'abuserait de sa bienveillance à garder les gens sous les verrous ; en vain, disons-nous, avait-il, le plus gracieusement du monde, offert à son prisonnier d'obtenir pour lui une détention à perpétuité. Ce dernier prit la clef des champs.

Ses amis eurent alors le secret de l'attachement qu'il avait tout à coup témoigné pour la prison, où il avait d'abord manqué mourir d'ennui : Mingot y avait trouvé un billard complet dont on lui avait laissé la disposition. Après s'en être servi par désœuvrement, il avait pris goût au noble jeu, puis s'y était passionné. En peu de temps, il en avait acquis l'intelligence et la pratique. La véritable vocation de Mingot s'était alors révélée :

la nature l'avait, de même que le ministre de Louis XIV,
créé pour devenir un héros au billard ; peut-être n'eût-
il été, de même que Chamillard aussi, qu'un zéro dans
un ministère. Or, le jour où sa détention allait finir,
il étudiait, il inventait, il était près de découvrir un
coup de queue nouveau qui devait ajouter un remar-
quable éclat au jeu de billard. Ce coup, quelques heures
encore, quelques jours de prison, et il était à Mingot,
à la France, au monde. Voilà pourquoi le détenu politique demanda un prolongement de peine. Sa célébrité
future prenait, sous les verrous, des ailes comme
le papillon dans l'hermétique cellule de fils où il
se transforme. Quel était ce coup si précieux que sa
découverte pouvait l'emporter même sur le bonheur
de recouvrer la liberté? Vous allez le savoir; nous vous
avons promis une anecdote, tenons notre parole.

A quelque temps de là, Mingot se trouvait, par
hasard, dans le principal café d'une de nos villes du
midi. Il entend prononcer deux ou trois fois son nom ;
c'est un quidam qui se vante d'avoir, à Paris, joué au
billard avec Mingot, dont la réputation faisait à grands
pas déjà son chemin en France. Notre personnag affirme
même avoir appris du nouveau maître plusieurs coups
remarquables. Mingot examine le méridional, et bien
persuadé de ne l'avoir jamais vu, il s'approche de la
table à laquelle a lieu la conversation. On fait vite connaissance dans le midi ; dix minutes ne s'étaient pas
écoulées que Mingot proposait au quidam en question
et voyait accepter avec empressement une partie de
billard. On pose les billes sur le tapis. Mingot pousse
nonchalamment, et comme pour essayer sa queue, une
des deux blanches sur la rouge. O surprise! la première, au lieu de suivre la seconde, est revenue directement en arrière après l'avoir touchée.

— Quelles billes nous avez-vous données là, demande Mingot, au garçon tout ébahi [1]?

— Dame, monsieur, ce sont les billes du billard.

— Des billes qui reculent quand on les pousse...

— Monsieur est-il bien sûr d'avoir poussé.

— Je vais essayer de nouveau.

Mingot joue une seconde fois; sa bille revient encore en arrière.

Le garçon roule des yeux effarés et ouvre une bouche qui semble vouloir faire concurrence aux blouses du billard. Les assistants sont tout interdits.

— Je ne joue pas avec de pareilles billes, reprend Mingot.

— Ni moi, bagasse! dit son nouvel ami; elles sont ensorcelées, et il faudrait la vie éternelle pour faire une partie.

Pendant que chacun examine, pèse, tourne et retourne les billes avec une certaine crainte, on en apporte d'autres qui sont essayées; celles-là vont comme on les pousse. La partie s'engage. Mais, dès le second coup, la bille jouée par Mingot recule comme ses devancières, et cela si heureusement, qu'elle va caramboler.

— *Qué* vous avez de la corde de pendu dans votre poche, s'écrie le méridional en reculant lui-même.

— C'est le diable, murmure le garçon de café qui ébauche un signe de croix.

— Bah! finissons la partie comme nous pourrons, dit Mingot.

Et, grâce aux reculades de sa bille qui continue à revenir lorsque cela est nécessaire, il la finit si bien, cette partie, qu'il en a fait les vingt points quand son

1. Le coup rétrograde ou à revenir n'était pas encore connu, ni même soupçonné.

adversaire, amateur d'une certaine force cependant, n'en compte encore que six.

Mais on a compris que dans cette victoire il n'y a d'autre sorcellerie, d'autre charme qu'une rare habileté et l'emploi d'un coup de queue nouveau, de celui que les joueurs connaissent aujourd'hui sous le nom de coup rétrograde ou à revenir, de celui enfin que son inventeur n'avait pas cru trop payer par huit jours supplémentaires de prison.

— Maintenant, dit l'ex-detenu politique à son adversaire un peu confus, vous pourrez affirmer que vous avez joué avec Mingot.

Puis il quitte aussitôt le café pour échapper à l'ovation dont il se voit près d'être l'objet.

Nous avons exprimé cette pensée que si le billard était d'origine anglaise, ce dont on doute fort, nous le répétons, il était alors devenu tout français par le savant éclat que son jeu devait à nos amateurs.

En effet, voici encore Sauret qui le dote des coups d'effet à droite et à gauche.

Puis Paysan, notre contemporain, créant la série.

Enfin, parmi les professeurs du jour, M. Désiré Lemaire, élevant dans son livre, au niveau d'une science claire, logique, intéressante, les principes du noble jeu qu'il enseigne, qu'il possède si bien, que les portes des châteaux sont ouvertes, à ce maître du billard, toutes grandes, hospitalières comme elles l'étaient autrefois aux trouvères, ces maîtres du gai savoir. Combien de nos lecteurs, si cette préface a l'avantage d'en avoir, connaissent le charmant salon avec ses quatre panneaux attribués à Boucher, le salon semi-historique ayant fait partie de la petite maison du comte d'Artois, dans lequel M. Désiré Lemaire donne ses leçons. Terminons donc cette un peu longue causerie.

Car parler des formes auxquelles quelques industriels ont voulu asservir le billard, c'est-à-dire :

Du billard canapé ;

Du billard table de salle à manger ;

Voire même du billard à musique, lorsque les billards avaient encore des blouses ;

Et du billard à pieds et à bocaux de poissons ;

Ou bien encore de ces diminutifs du grand billard :

Le billard dit anglais, avec sa table inclinée et dont tout le jeu consiste à envoyer quatre ou cinq billes dans des cases numérotées ;

Le billard des foires, auquel l'unique mérite du joueur consiste à déranger avec trois billes, neuf autres billes placées sur des mouches ;

Le billard dit de salon, de 75 à 80 centimètres carrés, sur lequel les billes prennent, proportionnellement, la grosseur de boulets de canon, que l'on chasse avec un pistolet à ressort, et ce avec infiniment moins d'adresse et de plaisir que les enfants lorsqu'ils jouent à la poucette avec leurs billes. Il est vrai que l'on y fait, comme au Jeu de l'Oie, la partie assis, le susdit billard tournant sur un pivot, ce qui est très-piquant, vous en conviendrez, le billard étant un jeu d'adresse et d'exercice ;

Parler de tous ces billards nains, estropiés, disons-nous, ce serait assimiler le mirliton à la flûte, nous occuper de choses qui sont au vrai billard ce que les devises des confiseurs sont à la poésie, les tableaux-horloges à la peinture.

Nous préférons finir par un souhait et un bon avis : Puissiez-vous devenir tous des Chamillard, des Mingot, des Sauret! Vous en trouverez le secret dans le livre de M. Désiré Lemaire.

JULES ROSTAING.

CHAPITRE PREMIER.

Conditions physiques.

L'esprit pour l'improvisation, pour le choix de la meilleure combinaison de chaque coup; l'œil qui, en prompt calculateur, doit tracer exactement les lignes, arrêter les points de la course ingénieuse et savante des billes; le bras et la main qui ont à donner à ces billes une sorte de vie intelligente, tout, jusqu'au corps proprement dit, concourt, dans l'amateur du billard, au succès, à la sûreté, à la perfection de son jeu. Qu'il nous soit donc permis, dans un court chapitre préliminaire, d'offrir quelques conseils sur les conditions physiques sans lesquelles on serait exposé à n'être jamais qu'un médiocre joueur.

Nous recommanderons d'abord à l'élève de prendre la position la plus solide : le pied gauche en avant, le droit en arrière, formant équerre; le corps étant effacé, vous appuyez sur le billard la main gauche, complétement allongée, reposant sur toute la ligne du petit doigt, et formant, avec le tapis, un angle demiaigu en dedans. Puis, en s'inclinant légèrement en avant, on posera le petit bout de la queue entre le pouce et l'index, de façon que le procédé arrive à peu près à la moitié de ce doigt. La main droite, destinée à pousser la queue, en tient le gros bout à poignée, mais sans la serrer. Cette main doit pouvoir exécuter *librement* les divers mouvements qu'elle aura à faire pour pousser la bille avec plus ou moins de force, pour l'attaquer plus ou moins loin de son centre, c'est-à-dire pour diriger[1] la queue à droite, à gauche, en haut, en bas de cette bille. Par *librement*, nous entendons sans déranger la ligne d'attaque ni le corps. Ce dernier sera donc suffisamment effacé pour ne gêner en rien l'action du bras droit, à laquelle il doit rester étranger. Nous revenons sur notre conseil de ne pas serrer la queue avec la main droite, pour y ajouter ce considérant que toute pression de ladite main est nuisible et enlève au coup de queue l'élasticité ainsi que la souplesse indispensables pour bien faire obéir la bille.

Après avoir ajusté, visé, miré, — car ces trois expressions s'emploient indifféremment — la quantité de bille que l'on veut prendre (frapper) avec la sienne, on reporte son regard sur cette dernière pour être bien certain de la lancer en frappant avec le procédé le point (haut, bas, droit, gauche ou central) auquel elle doit être prise. Résumons cette observation, faite pour prévenir un défaut assez commun aux élèves : celui de ne regarder, au moment où ils lancent leur coup, que la bille sur laquelle ils jouent ; de là un dérangement dans la direction voulue du procédé, dérangement que souvent même on ne soupçonne pas en voyant l'in-

---

1. Le petit bout restant appuyé entre le pouce et l'index.

succès de ce qu'on a voulu faire; en resumé, disons-
nous : Vous devez regarder votre bille et avoir seulement sous l'œil celle sur laquelle vous jouez.

De quelques règles générales.

Ce que nous venons de dire touchant certaines des
conditions physiques qui concourent à faire un bon
joueur de billard, n'est pas et ne pouvait pas être absolu, on l'a bien compris. Parfois, en effet, on est
obligé, pour être à portée de sa bille, de se pencher
entièrement sur le billard, ou bien encore on ne peut
jouer en faisant face au billard.

Dans le premier cas, il est, au besoin, permis de
mesurer avec le corps une aussi grande étendue de
tapis possible, en levant le pied droit.

Dans le second cas, il est également permis de
jouer en tournant le dos au billard et la queue passée
derrière soi.

Mais il est de règle que le joueur ait toujours un
pied sur le plancher.

Il est en outre interdit :

De queuter;

De billarder;

De frapper deux fois sa bille pour la faire partir;

De lâcher la queue de la main droite en lançant le
coup.

Toute personne qui est en main doit, en jouant,
rester entièrement dans les deux lignes que l'on peut
supposer prolongeant les deux grandes bandes du billard, à partir de la petite bande d'en bas.

Il lui est interdit de jouer sur les billes qui se

trouvent alors dans le quartier, autrement que pour les toucher, après que sa bille sera sortie de ce quartier (pour y revenir par la petite bande d'en haut, par exemple, etc.)

Enfin, la bille posée par le milieu sur la ligne du quartier, est regardée comme s'y trouvant placée.

Nous n'allongerons pas cette nomenclature pour aborder tout ce que les lois du simple bon sens peuvent encore interdire : la défense de pousser sa bille avec la main, d'arrêter celle de son adversaire, etc.

CHAPITRE II.

Points principaux de la bille à toucher
avec la queue.

(Tableau AA , fig. I.)

Il y a neuf manières principales de pousser la bille
à jouer, c'est-à-dire de la prendre avec la queue :

1° Au centre (point C), c'est ce que l'on appelle
prendre sa bille plein; et, en termes plus explicites,
dans le milieu de sa hauteur et de sa largeur;

2° A droite (point D), ou dans le milieu de sa
demi-largeur à droite, et au milieu de sa hauteur de
ce côté;

3° A gauche (point G), ou dans le milieu de sa
demi-largeur à gauche, et au milieu aussi de sa hauteur de ce côté;

4° Bas (point B), c'est-à-dire dans le milieu de sa
demi-hauteur inférieure, et au milieu de sa largeur à
ce point;

5° Haut ou en tête (point H), c'est-à-dire dans le

milieu de sa demi-hauteur supérieure, et encore au milieu de sa largeur à ce point également;

6° Haut ou en tête, à droite (point h')[1];

7° Bas à droite (point b');

8° Haut ou en tête à gauche (point h'');

9° Bas à droite (point b'').

Nous verrons plus loin l'utilité et l'application de ces différents modes de prendre la bille. Ajoutons seulement ici, qu'entre les points principaux dont nous venons de parler, on peut en imaginer d'intermédiaires à tous les degrés, suivant les besoins d'obtenir des résultats plus ou moins grands[2].

Manières différentes de prendre ou d'attaquer la bille sur laquelle on joue.

(Planche AA, fig. 3.)

La bille sur laquelle on joue peut être frappée par la bille lancée:

1° Au centre (point C), c'est ce que l'on appelle prendre ou attaquer la bille plein;

2° Le centre de la bille jouée frappant le milieu de la demi-largeur à droite de la bille attaquée (point D), en langage de billard on prend alors la bille demi-plein à droite;

---

1. Les indications très-exactes de notre figure nous permettent, pour ces derniers points, de couper court à des commentaires mathématiques, auxquels il sera facile maintenant à l'œil du lecteur de suppléer en un instant.

2. Voir, pour la pratique: *Manière d'ajuster la bille.*

PLANCHE AA.

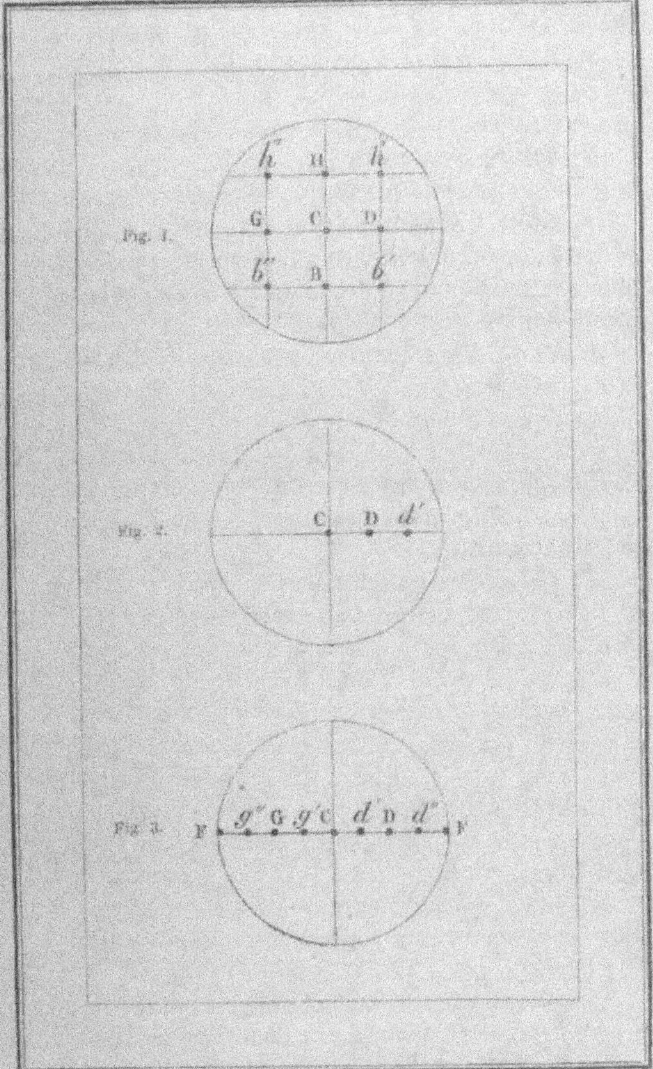

3° Le centre de la bille jouée frappant le milieu de la demi-largeur, à gauche, de la bille attaquée (point G), c'est la prendre demi-plein à gauche.

Puis, comme conséquence des mêmes principes, pour obtenir des résultats plus ou moins marqués, la bille attaquée peut être frappée par la bille que l'on joue aux points intermédiaires :

d', c'est-à-dire au milieu de la première moitié de sa demi-largeur à droite, ce qui s'exprime : prendre la bille aux trois quarts à droite ou les trois quarts de la bille à droite ;

d'', c'est-à-dire au milieu de la deuxième moitié de sa demi-largeur à gauche, ce qui se dit : prendre la bille au quart à droite ou le quart de la bille à droite ;

g', c'est-à-dire au milieu de la première moitié de sa demi-largeur à gauche, cela s'appelle : prendre la bille aux trois quarts à gauche ou les trois quarts de la bille à gauche ;

g'', c'est-à-dire au milieu de la seconde moitié de sa demi-largeur à gauche : on prend alors la bille au quart à gauche, ou le quart de la bille à gauche.

Une dernière division des deux moitiés de la bille offre encore, suivant les circonstances, d'autres points à toucher. On suppose, en effet, chacune des deux moitiés de la bille divisées du centre à la circonférence en trois parties (fig. 2). Ce que nous disons d'un des côtés sera plus que facilement compris et interprété pour l'autre.

La vue de notre figure suffit pour indiquer les deux points nouveaux par lesquels la bille jouée peut être lancée aussi.

Toucher la bille sur laquelle on joue en D, c'est la prendre aux deux tiers (de sa demi-largeur) à droite ou les deux tiers de cette bille à droite ;

En *d'*, c'est la prendre au tiers (de sa demi-largeur) à droite, ou en prendre le tiers de ce côté.

Enfin, on prend ou on attaque encore la bille en question, ce que l'on appelle *fin*. Par là, on entend en toucher avec la circonférence de la sienne une très-petite partie (fig. 3, points F et F) à droite ou à gauche[1].

Telle est la théorie; voyons-en la pratique pour compléter ce chapitre et le précédent.

Manière d'ajuster (viser, mirer) la bille.

(Planche BB.)

Ne nous occupons d'abord que des différentes manières de prendre notre bille, et supposons dans toute cette première hypothèse que nous voulons toucher plein la bille sur laquelle nous jouons.

Pour prendre notre bille plein, nous ajustons l'autre, en imaginant une ligne droite allant de leurs deux centres (la ligne pointée de notre tableau, fig. 1). Nous plaçons le procédé au centre de notre bille, et de manière que la queue prolonge la ligne imaginaire dont nous avons parlé; c'est cette ligne que la bille à jouer doit parcourir, et nous la lançons droit lorsque notre œil a fait son office[2]. Cette manière de jouer est désignée sous le nom de coup naturel, dans son acception primitive.

Nous voulons maintenant prendre notre bille à

1. Voy. *Manière d'ajuster la bille.*
2. Voy. *Conditions physiques*, dernier paragraphe.

PLANCHE BB.

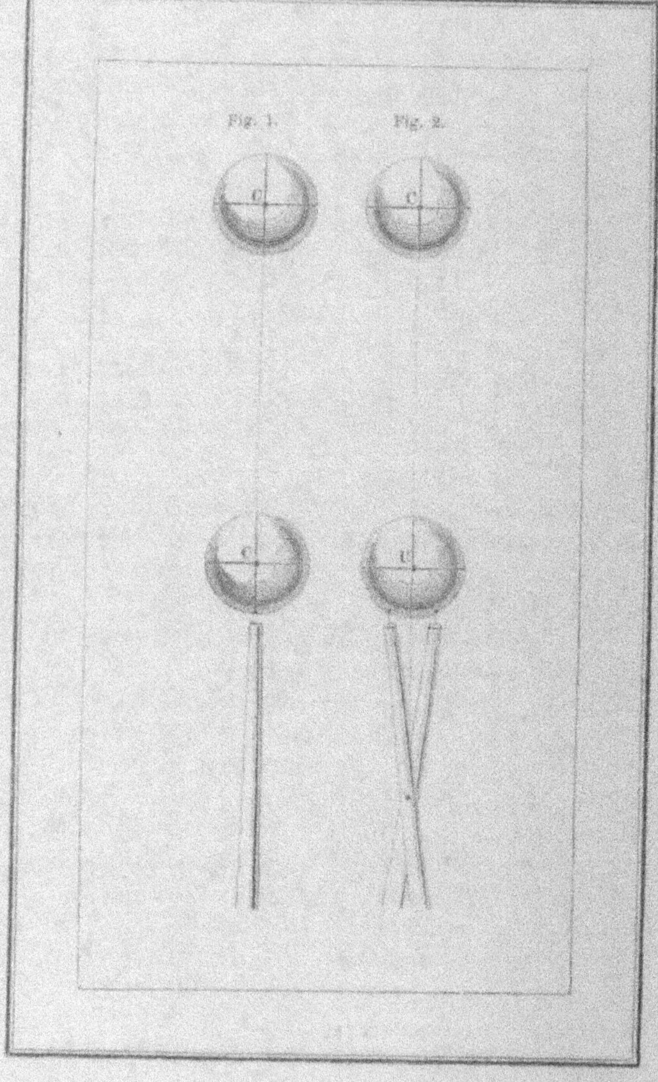

PLANCHE CC.

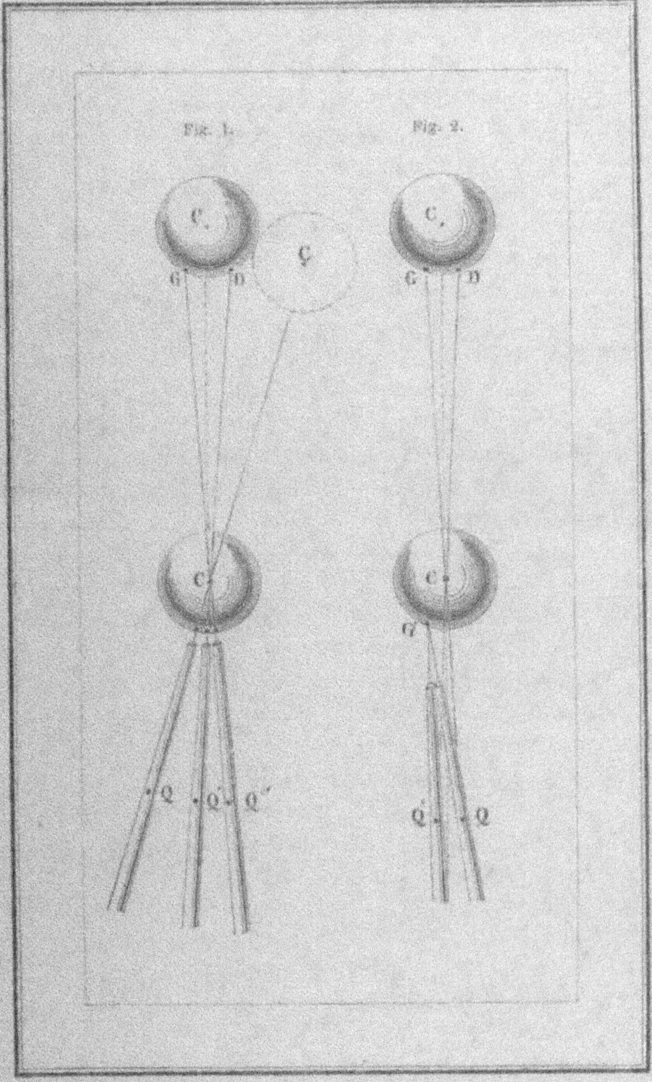

droite : nous commençons par nous placer et par ajuster comme s'il s'agissait du coup naturel, ainsi que
l'indique la ligne pointillée de la figure 2; puis, par
le seul mouvement de la main droite qui, en por-
tant le gros bout de la queue à gauche, dirige le procédé vers la droite de notre bille, nous le portons en
face du point que nous avons à frapper[1], et cela en
faisant mouvoir, comme sur un pivot, le petit bout de
la queue posé entre le pouce et l'index (fig. 2).

On aurait à procéder de même, dans le sens contraire, après avoir ajusté la bille comme pour le coup
naturel, s'il fallait prendre la bille à gauche (fig. 2).

Notre bille doit-elle être prise en tête, en bas ou à
quelqu'un des points intermédiaires (à droite ou à
gauche) dont nous avons parlé[2], on se placera et on
visera encore comme pour le coup naturel, puis une
manœuvre de la main droite qui lèvera le gros bout
de la queue pour prendre la bille bas, qui le baissera
pour prendre la bille haut, etc., etc., amènera, ainsi
que nous venons de le dire, le procédé en face du
point que nous voulons frapper.

La manière d'attaquer la bille sur laquelle on joue
fera le sujet de notre seconde hypothèse, dans laquelle
nous avons à examiner :

1° Le cas où l'on prend sa bille plein;

2° Le cas où l'on prend en même temps sa bille
soit à droite, soit à gauche, soit en tête, soit bas, etc.
(Planche CC).

Occupons-nous du premier cas :

Prenant ma bille plein, je veux attaquer à droite
la bille sur laquelle je joue. Pour ce faire, j'imagine
une ligne droite allant du centre C de ma bille au

1 et 2. Pages 17 et 18.

point D (la ligne de notre tableau fig. 1), et je place ma queue de manière qu'elle prolonge cette ligne, c'est-à-dire qu'elle fasse la ligne droite DCQ', puis je joue.

Prenant toujours la bille plein, on a l'intention de prendre à gauche la bille sur laquelle on joue; il faudra supposer alors une ligne droite allant du centre C de la bille à jouer au point G de la bille sur laquelle on joue (la ligne de notre tableau fig. 1), puis on placera sa queue de telle sorte qu'elle prolonge cette ligne droite, formant ainsi la ligne GCQ'', il n'y aura plus ensuite qu'à jouer.

Et ainsi en sera-t-il pour tous les points intermédiaires par lesquels nous voudrons attaquer la bille sur laquelle nous jouons, pour la prendre trois quarts plein, au tiers, etc., à droite ou à gauche[1].

Est-il question d'attaquer la bille fin[2], le mode le plus sûr que nous conseillons à nos élèves, — et il n'est pas rare alors que nous les voyions réussir huit ou neuf fois sur dix, — c'est d'imaginer une bille masquant de quelques lignes soit à droite, soit à gauche, le milieu de la hauteur de la bille sur laquelle ils jouent, puis de viser de centre à centre cette bille imaginaire (fig. 1), représentée sur notre tableau par un cercle pointillé.

Examinons, pour terminer, le second cas complexe de notre deuxième hypothèse (planche CC).

Nous voulons attaquer la bille sur laquelle nous jouons à gauche et prendre la nôtre à gauche : nous imaginons (fig. 2) une ligne GCQ qui passe par le centre de notre bille, aboutit au point G de la bille sur

<hr>

1. Voy. *Manières différentes de prendre ou d'attaquer la bille sur laquelle on joue.*

2. *Id.*

laquelle nous jouons, et par son autre extrémité au point Q, lequel figure le point de la main gauche servant de pivot à la queue, puis faisant tourner la queue sur ce pivot, nous frappons au point G'.

Même principe facile à interpréter pour les autres manières de prendre et d'attaquer la bille. L'intelligence de nos lecteurs suppléera certainement et cent fois pour une, maintenant, aux cas non prévus dans la théorie dont nous venons de parcourir les principes.

Pour attaquer la bille sur laquelle nous jouons à droite en prenant la nôtre à gauche, il faut d'abord imaginer (fig. 2) une ligne D C Q' passant par le centre de notre bille, aboutissant au point D de la bille sur laquelle on joue et par son autre extrémité au point Q' sur lequel la queue pivotera pour frapper à gauche le point G'.

CHAPITRE III.

*Principes élémentaires. — Coups de queue
principaux.*

Comme toutes les sciences, comme tous les arts, le
jeu de billard a sa grammaire, s'il est permis de s'exprimer ainsi, ses principes élémentaires, qu'il nous a
semblé possible de résumer, théoriquement et prati-
quement, en un petit nombre de coups de queue.
Arriver à les exécuter avec facilité, convenablement —
ce qui demandera plus ou moins d'essais, suivant le
plus ou moins d'adresse naturelle, de justesse de coup
d'œil — ce sera, à peu de chose près, se trouver dans
la position d'un élève qui, sachant les règles de l'arith-
métique, n'aurait plus qu'à s'exercer à la solution de
problèmes divers, d'un artiste qui posséderait les lois
du dessin, de l'emploi de la couleur, mais auquel il res-
terait à acquérir le talent de les appliquer aux formes
multiples de la composition. Occupons-nous donc, tout
d'abord, de ces coups de queue principaux.

Avant de commencer, que l'on nous permette d'insister sur un conseil dont personne ne méconnaîtra la portée. Nous engageons vivement les joueurs qui se seront mis à même de faire, tels qu'ils sont placés sur nos tableaux, les coups proposés pour modèles, à les renverser successivement, à les transporter de droite à gauche sur le billard, afin de s'exercer à les réussir, ainsi que tous ceux qui en dérivent, de quelque manière qu'il se présentent plus tard.

Nous terminerons ce petit préambule par les deux observations suivantes.

Les lignes tracées sur nos planches, figurant le tapis du billard, indiquent le chemin que devra parcourir la bille du joueur [1].

Enfin, toutes les fois que nous n'indiquerons pas une manière différente de prendre la bille à jouer, il est sous-entendu qu'elle doit être prise au milieu de sa hauteur.

Un dernier mot : nous avons pris des carambolages pour exemples pratiques des coups de queue sur lesquels nous allons appeler votre attention, parce que ce qui est vrai de ceux-ci pour exécuter ceux-là est aussi exactement applicable à toute sorte de jeux de billard et que le carambolage est le plus généralement joué. La partie en vogue dans le public est même celle dite du carambolage et dans laquelle ce coup seul est joué [2].

Comme on le verra au chapitre V, cette partie n'est pas jouée tout à fait de même par les maîtres et par les amateurs. Les premiers sont, avec raison, plus sévères pour certaines fautes qui pourraient être com-

1. Plus loin nous nous occuperons des autres billes (voy. *Coups de séries*).

2. Voy. *Partie du carambolage*. Cette vogue paraît cependant diminuer.

mises par calcul. Nous ajouterons que dans une partie intéressée il est bien, pour les mêmes motifs, que ces fautes soient punies par une perte de points. Nous renvoyons aux pages consacrées à la partie moderne du carambolage. Nos lecteurs choisiront suivant les circonstances et leur goût.

Coup simple (*ou naturel*) sans bande.

(Planche A.)

Indiquer la manière naturelle de faire ce coup est tout ce que nous avons à en dire : pour caramboler il suffira de prendre sa bille plein (au centre) en attaquant la rouge demi-plein : la bille jouée ira alors toucher plein celle d'en haut. On donne en général à ce coup le nom de coup naturel. Nous le retrouverons dans la combinaison de plusieurs de nos autres exemples.

PLANCHE A.

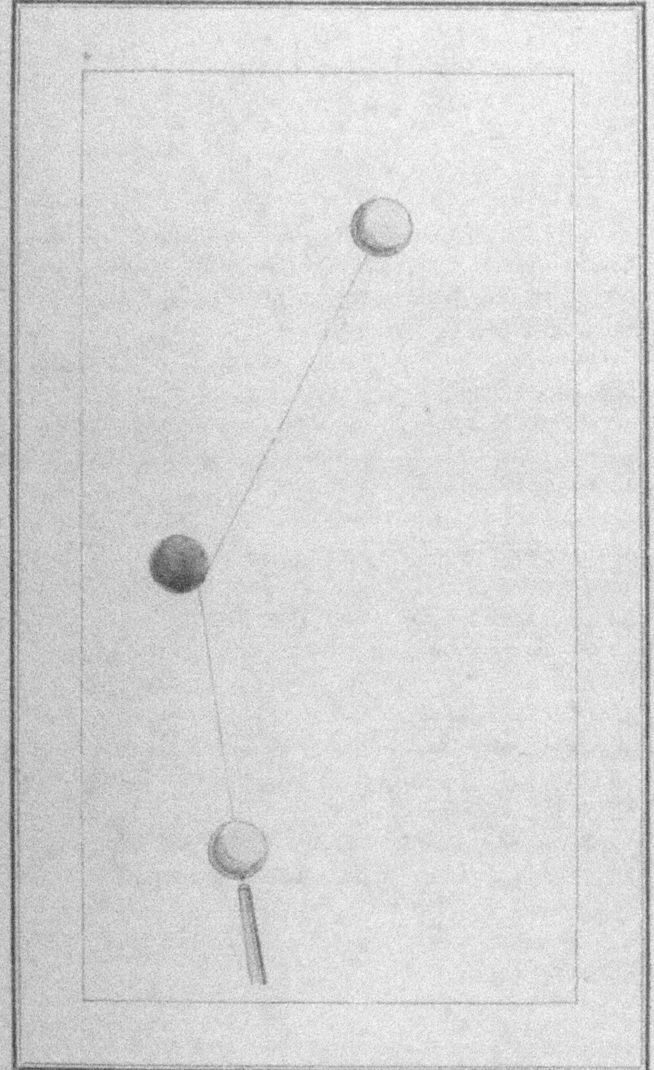

Coup à suivre (ou coulé).

(Planche B.)

Au moyen de ce coup, nous arriverons, après avoir frappé, en la détournant d'un côté ou de l'autre, la bille qui masquait, en grande partie, celle à caramboler, nous arriverons, dis-je, à envoyer, en ligne droite sur cette dernière, la bille à jouer.

Pour ce faire, dans notre exemple, nous prenons la bille en tête (en haut), dans le milieu de la largeur et en attaquant la rouge aux deux tiers, un peu à droite; notre bille va alors toucher plein celle d'en haut.

Dans cette circonstance, le coup de queue doit être donné légèrement, d'une manière allongée, c'est-à-dire en accompagnant un peu la bille, de telle sorte qu'elle roule un instant sous le petit bout de la queue que l'on relève doucement.

Le coup de queue à suivre est un de ceux auxquels les joueurs novices feront bien de s'exercer particulièrement, car il ne leur sera pas toujours facile d'acquérir le moelleux, dans la manière de jouer que nous venons de décrire, sans lequel la réussite du coup est plus que douteuse.

On le voit, il y a lieu de l'employer lorsque les trois billes se trouvant presque en ligne droite, celle du joueur est à l'une des extrémités de cette ligne et qu'il y a intérêt à ne pas recourir à la bande pour caramboler [1].

---

1. Par exemple, lorsqu'il prévoit qu'il se conservera plus de jeu en carambolant directement, ou qu'il en livrerait plus à son adversaire en jouant par la bande.

PLANCHE B.

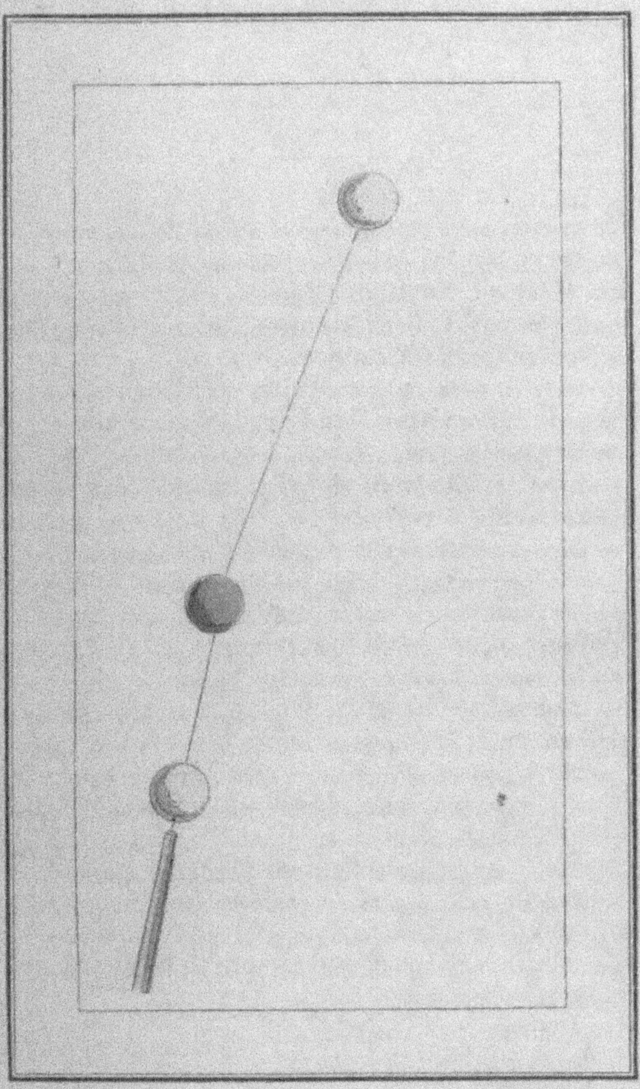

Coup d'effet à gauche.

(Planche C.)

Faire de l'effet, c'est lancer sa bille de manière à lui donner un mouvement de rotation qui la force à aller de tel ou tel côté, dans une direction qu'elle n'eût pas suivie si on l'avait prise plein. Ainsi, dans notre exemple, nous voulons faire le carambolage sur la bille d'en haut placée à notre gauche en arrière. Pour y arriver, nous ferons de l'effet à gauche, c'est-à-dire nous prendrons notre bille à gauche, dans le milieu de sa hauteur et nous attaquerons la rouge au tiers, à gauche; la bille jouée ira toucher la grande bande de droite où l'effet se produira et aura pour conséquence de faire remonter la susdite bille à l'extrême gauche du point où elle est partie. Si nous n'avions pas fait d'effet, elle eût, au lieu de courir vers la bande d'en haut, été renvoyée par la grande bande de droite vers le milieu de la grande bande de gauche.

Bien que nous vous ayons fait faire par deux bandes le carambolage indiqué ici, vous comprendrez facilement qu'il peut encore être fait, votre bille allant en ligne directe frapper celle d'en haut après avoir, comme précédemment, touché la grande bande de droite; ou bien encore par la grande bande de droite et le haut de la grande bande de gauche, suivant que vous ferez plus ou moins d'effet, etc.

Ce sera toujours le résultat de l'effet dont nous voulions vous faire connaître l'emploi.

Ajoutons que le même effet se produit lorsqu'on touche les bandes directement.

PLANCHE C.

Coup d'effet à droite.

(Planche D.)

Ce que nous avons dit d'essentiel touchant le coup d'effet à gauche pouvant s'appliquer au coup d'effet à droite, nous nous bornerons à indiquer la manière de faire le carambolage que nous offrons ici pour exemple, savoir : prendre la bille à droite, attaquer la rouge au tiers de sa largeur, à droite; l'effet se produit sur la grande bande de gauche et le carambolage se réalisera comme il est indiqué sur notre tableau.

Au risque de nous répéter, nous ne saurions trop recommander à nos lecteurs et élèves qu'il est impossible de bien réussir les effets en serrant la queue. La tenir légèrement est le seul moyen d'assurer au bras l'élasticité désirable.

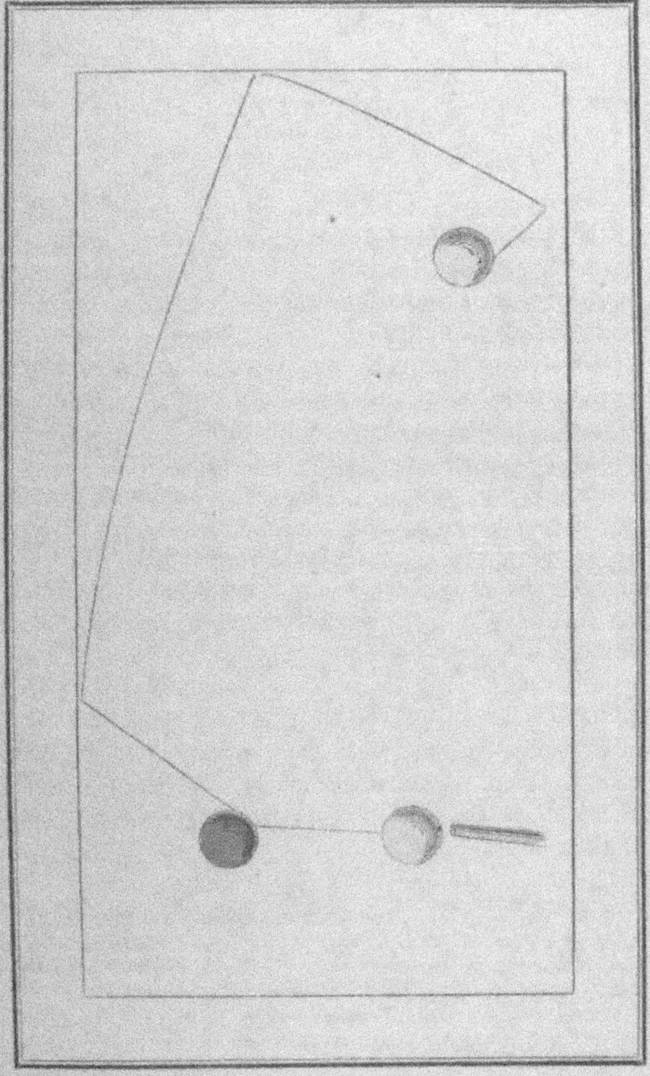

Coup à revenir (ou rétrograde)

(Planche E.)

Le coup de queue dont nous allons nous occuper maintenant peut être considéré comme le contraire du coup à suivre. Ainsi que pour ce dernier, il sera souvent nécessaire aussi d'étudier, avec quelque persévérance, la manière de le lancer. Elle entre, en effet, pour une grande partie, dans la réussite du carambolage à faire. Ce coup doit être donné énergiquement et en rappelant vivement la queue aussitôt la bille frappée.

Passons au problème à résoudre ; la bille à jouer se trouvant placée entre les deux autres, en ligne presque droite ou à peu près, il s'agit d'aller frapper une des deux, de façon que la nôtre revienne ensuite en arrière pour aller en rétrogradant, directement, toucher la bille à caramboler [1].

Nous y parviendrons, dans le carambolage proposé par notre tableau, en prenant la bille plein (dans le milieu de sa largeur) et le plus bas possible, par un coup sec et suivi d'un vif retrait de la queue. Quant à la rouge, elle doit être attaquée presque plein et un peu à gauche.

---

1. Le plus souvent, à la vérité, comme dans notre exemple, le carambolage pourrait être fait autrement, au moyen des bandes ; mais, nous le répétons, pour ne plus revenir à la même réponse aux observations semblables qui viendraient à l'esprit de l'élève, on a toujours intérêt à jouer un coup de préférence à un autre, pour se réserver du jeu ou éviter d'en laisser à son adversaire. Cela est démontré dans nos *Coups de séries*.

PLANCHE H.

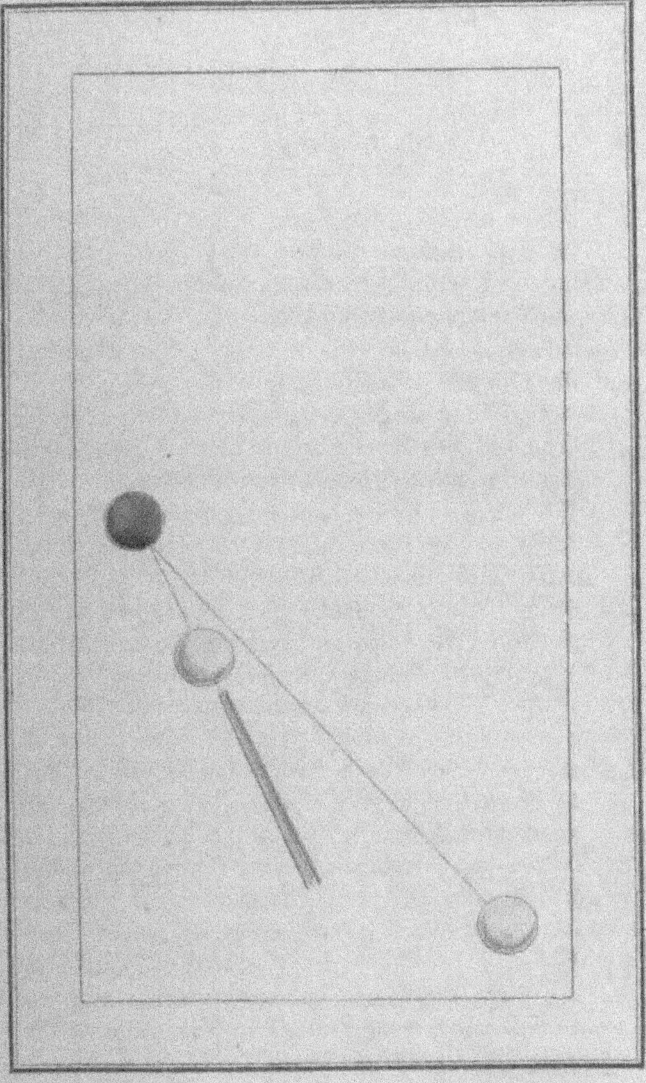

Coup d'effet massé.

(Planche F.)

Encore un coup pour lequel il y a à acquérir une sûreté de mouvement qui, en général, ne peut être obtenue qu'à la suite d'un certain nombre d'essais. Ce que nous avons à produire, cette fois, est un effet rétrograde aussi, mais en ligne directe ou bien peu s'en faut dans les circonstances analogues.

Notre bille se trouve donc entre les deux autres; nous voulons aller frapper la rouge d'abord, puis revenir parallèlement à la bande caramboler la bille d'en bas. C'est le cas d'employer le coup massé. Pour cela, je tiens la queue perpendiculairement au tapis, verticalement en un mot; par conséquent, le petit bout dirigé d'aplomb sur le haut de la bille, porté sur le bord de cette bille du côté où l'on veut revenir. Après l'avoir travaillée, je frappe cette bille à son sommet, un peu à gauche, et en visant à toucher la rouge plein.

Le coup de queue doit être à la fois vigoureux et retenu; sa force doit s'exercer tout entière sur la bille, et cela assez complétement pour que le procédé ne vienne pas ensuite frapper le tapis.

Si votre coup est ainsi donné, vous verrez votre bille, fortement lancée vers la rouge, la chasser, s'arrêter aussitôt, tourner un moment sur elle-même comme pour absorber son mouvement de projection, puis, emportée par une force rétrograde qui semble avoir quelque chose de spontané, revenir vivement et avec une vitesse croissante vers la bille du bas.

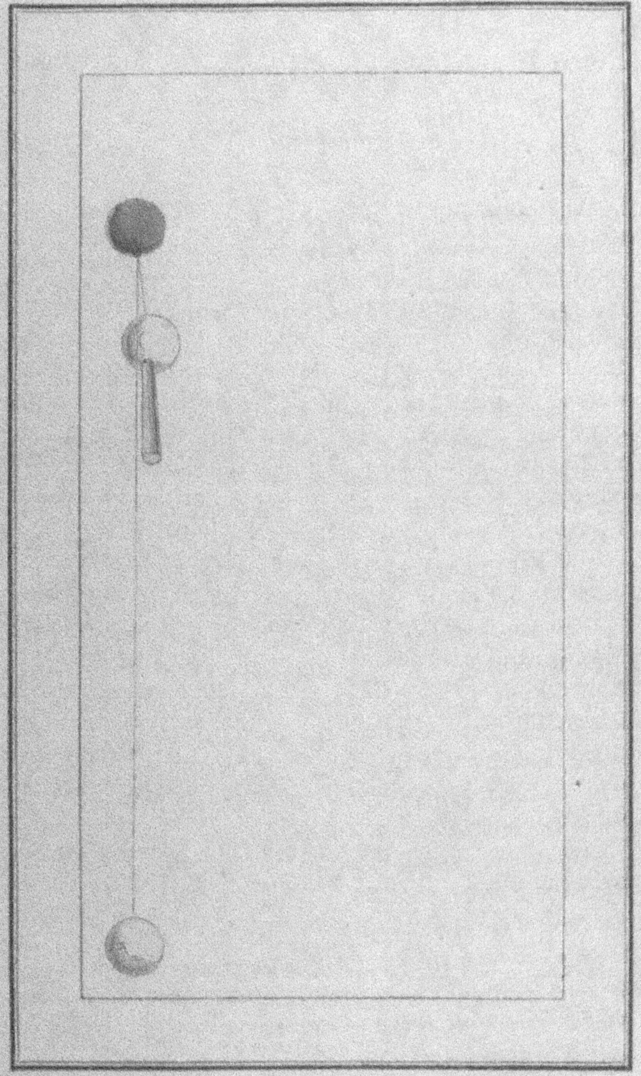

Coup arrêté.

(Planche G.)

Voici un coup de queue dont le grand avantage est de donner au joueur la possibilité, tout en carambolant, de se préparer une suite (série) de coups de billard à peu près certains. Il en sera ainsi, on le comprend, si nous jouons de manière à avoir ensuite les trois billes réunies et cela surtout dans un des angles du billard. Pour y arriver, nous avons suivant le besoin, à prévoir non-seulement le point où devra se fixer notre bille après avoir carambolé, mais aussi à calculer et à assurer les mouvements des deux autres[1]. Disons tout de suite que la bille jouée par le coup arrêté reste presque en place après avoir touché la seconde des deux billes qu'elle dérange fort peu. Nous savons donc d'avance où nous la retrouverons ; c'est un tiers déjà du problème résolu, puisqu'il l'est pour une des trois billes à réunir. Nous verrons dans les exercices dérivant de ce coup de queue le moyen de parvenir à une solution complète en amenant près de la nôtre les deux autres billes, dont l'une (la bille attaquée par celle du joueur) fera tout le travail du coup.

Le premier soin à prendre est d'imaginer un peu en avant de sa bille (la distance d'un tiers de bille à peu près), d'imaginer, avons-nous dit, un petite ligne[2] que

---

1. C'est ce que nos explications et notre dessin des tableaux G1, G2 et G3 démontrent théoriquement et matériellement (voir *la série des exercices du principe G*).

2. Le petit pointillé du tableau G représente cette ligne imaginaire.

PLANCHE G.

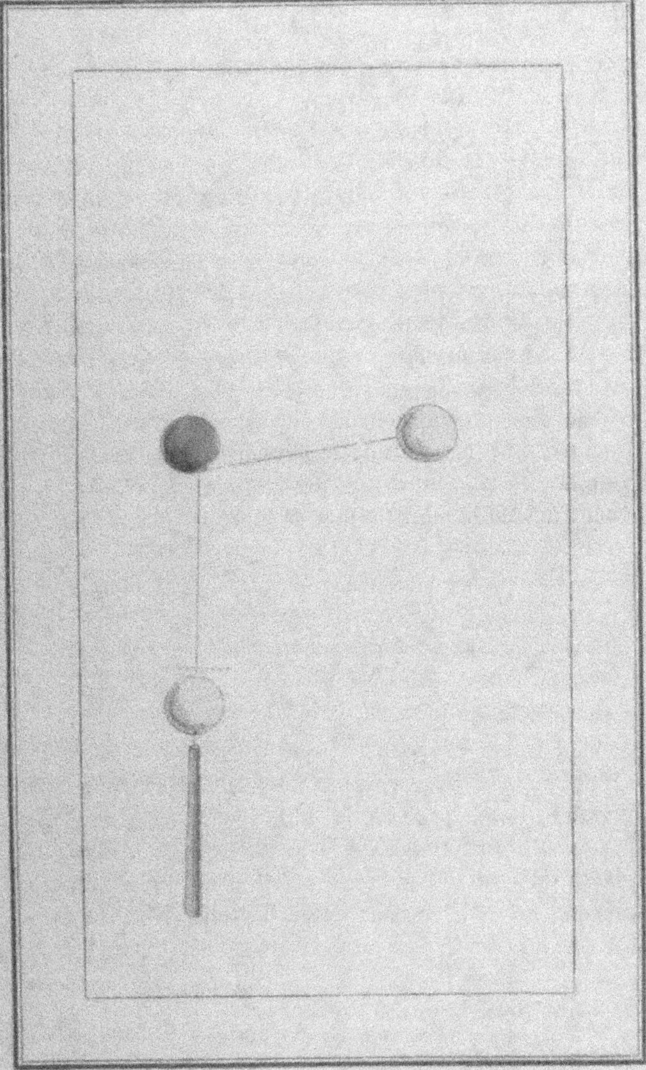

ne devra pas dépasser le procédé de notre queue lancée avec vigueur cependant. Nous avons recommandé de jouer sans serrer le gros bout de la queue [1]; nous maintenons, ici comme toujours, ce précepte. En effet, ce qui doit arriver pour que le coup dont nous parlons soit arrêté dans de bonnes conditions, c'est qu'il soit fortement lancé avec la main droite, lâche, et que, aussitôt le procédé arrivé à la ligne imaginaire, mais alors seulement, la main droite serre le gros bout de la queue par un mouvement instinctif et naturel.

Passant de la théorie à l'exécution, dans l'exemple que nous vous proposons en dehors de toute combinaison et pour n'étudier que la manière de faire le coup arrêté, nous prendrons au centre la bille à jouer, pour attaquer la rouge aux deux tiers, à droite; notre bille coupera alors le tapis presque à angle droit et ira toucher l'autre bille dont elle prendra à peu près la place.

Coup allongé (dit quelquefois coup dur).

(Planche II.)

Ce coup a pour résultat de faire suivre par une marche parabolique, à la bille jouée, telle ou telle bande, après avoir frappé la première bille à toucher, placée près de la bande en question ou qui s'y trouve presque ou entièrement collée [2]. Notre bille ira tantôt caramboler à peu près directement, comme dans

1. Page 14.
2. C'est dans cette seconde hypothèse ce que quelques joueurs appellent *le coup dur*.

PLANCHE II.

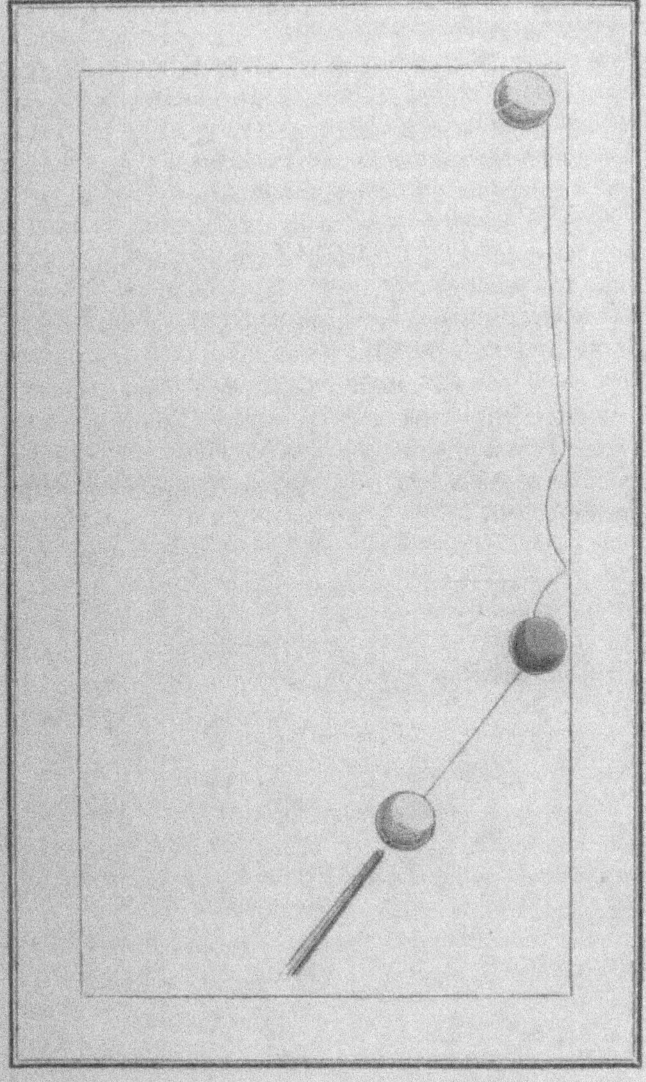

PLANCHE II.

l'exemple de notre tableau-type, tantôt à droite, tantôt à gauche de la bille attaquée, ainsi que nous le verrons dans ceux de nos exercices divers [1].

Le coup allongé se donne comme le coup de queue à suivre, avec cette différence qu'on laisse la queue porter naturellement en avant suivant la force de son mouvement de projection, tandis que dans le coup à suivre on relève doucement le procédé [2].

Le carambolage dont il s'agit ici s'exécute de la manière suivante :

Visant à attaquer la rouge plein, nous prenons notre bille en tête, au milieu de sa largeur. Le coup de queue bien donné, nous verrons cette bille, dans son travail, décrire deux petites paraboles à l'endroit où elle commence à prendre la bande, puis filer en la suivant vers le haut du billard où nous devons achever notre carambolage.

1. Voy. H n° 1 et H n° 2.
2. Voy. *Coups élémentaires*, planche B.

CHAPITRE IV.

Coups composés. — Exercices divers.

Quels que soient le nombre et les variétés des coups de billard, ils dériveront, depuis les plus simples jusqu'aux plus compliqués, de la série primordiale de coups de quene dont il vient d'être question. Au moyen d'un de ces coups de quene, ou bien en combinant l'un avec l'autre, on sera à même de jouer tout ce qui se présentera. Il s'agit donc maintenant d'étudier l'application avec des développements que nous pourrons, à leur tour, regarder comme sommaires, l'application, dis-je, des principes auxquels je serais flatté de vous avoir complétement initié.

Nos coups de quene principaux ont été classés par lettres; nous donnerons les mêmes lettres, plus des chiffres ordinaux de série aux coups de billard dont nous allons faire des exercices gradués. Telle lettre indiquera, par conséquent, que telle série d'exemples d'application se rattache entièrement ou pour la plus grande partie, à tel principe élémentaire; ainsi, dans

ceux de la série A, le coup de queue devra être simple;
dans ceux de la série B, le coup de queue allongé est
donné, comme nous l'avons dit dans nos explications
du tableau B, etc., etc. Cette double indication sera,
pour nos coups modèles composés, ce que les clefs et
leurs signes, en musique, sont à une partition, joint
à la logique essentielle que nous espérons avoir mise
dans la marche de nos études. Elle nous épargnera des
redites, nous absoudra, en les rendant insignifiants,
des petits oublis de détail que nous pourrions com-
mettre, et nous permettra de ne plus indiquer que
dans la forme concise des manuels la manière de jouer
le coup proposé.

A n° 1.

Prendre plein la bille à jouer; attaquer la rouge
demi-plein à droite, votre bille va frapper la grande
bande de droite, qui la renvoie plein sur la bille d'en
haut.

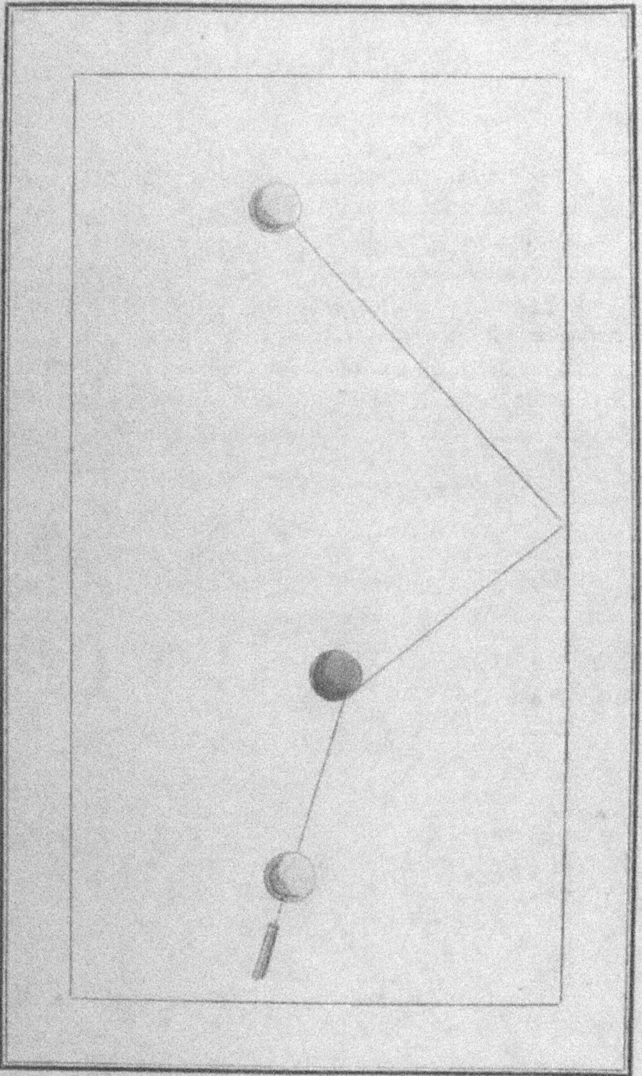

A n° 2.

Prendre la bille plein ; attaquer demi - plein à droite la bille rouge, votre bille va toucher la petite bande d'en haut, et elle est renvoyée directement sur la rouge, qu'elle carambole plein.

Voilà, on le voit, deux exemples des combinaisons dans lesquelles on peut trouver à jouer le coup auquel, avons-nous dit, on a donné le nom de *naturel*. Ils suffiront pour mettre à même le joueur de l'employer dans toutes celles qui se présenteront, quelles qu'elles soient.

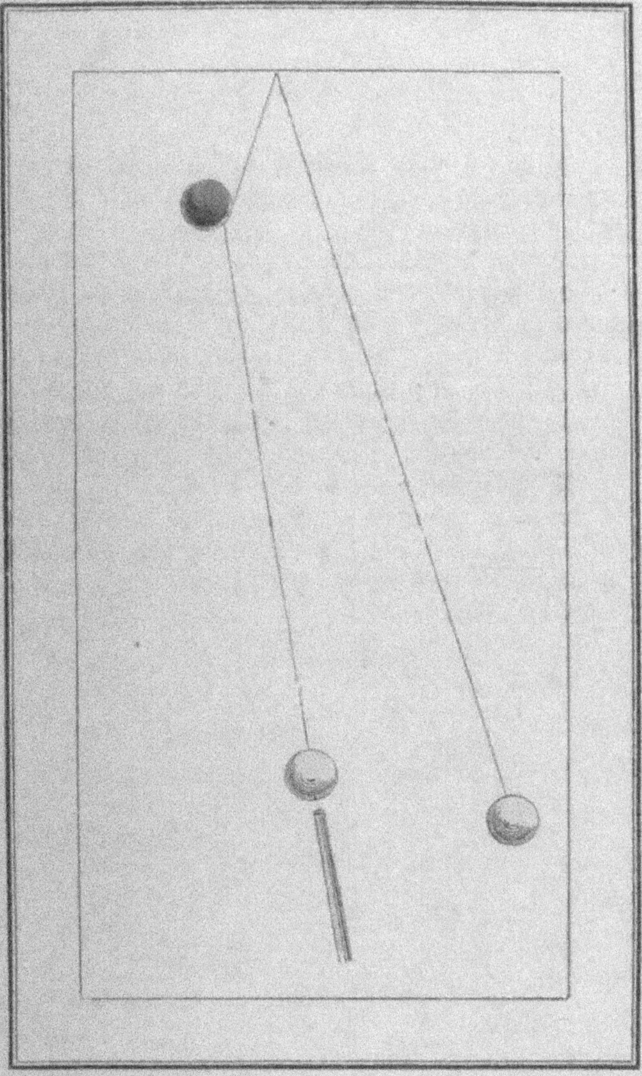

B n° 1.

On l'a vu avant que nous le disions, cet exemple est le premier coup d'une partie de billard. Il se joue de la manière suivante :

Vous prenez votre bille un peu en tête, à la moitié de sa largeur, et la chassez par le coup de queue allongé; la rouge a dû être visée pour être touchée au tiers à droite; la bille jouée va alors frapper la petite bande d'en haut, qui la rejette sur la grande bande de droite, d'où elle redescend sur la bille à caramboler.

Ce que nous venons de faire à droite, on le ferait à gauche si l'on avait placé sa bille sur la mouche de gauche. Il est trop facile d'exécuter, par les mêmes principes, ce coup transporté de l'autre côté pour que nous insistions.

PLANCHE B Nº 1.

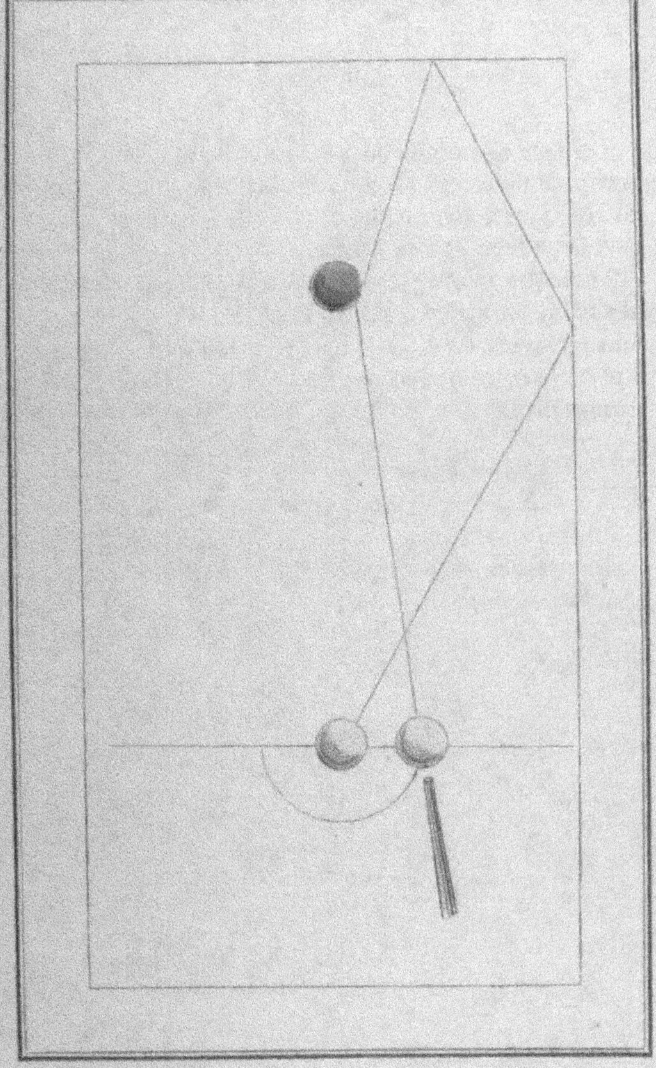

B n° 2.

Prenez votre bille en tête, au milieu de sa largeur ; attaquez la rouge presque plein, un peu à droite ; la bille jouée, *suivant*, ira toucher le haut de la grande bande gauche et caramboler.

Lorsque ce coup de queue est compliqué d'un effet de côté, on arrive à faire produire les plus gracieux changements de direction à sa bille. Ce qui donne le spectacle de combinaisons géométriques les plus pittoresques.

PLANCHE B N° 2.

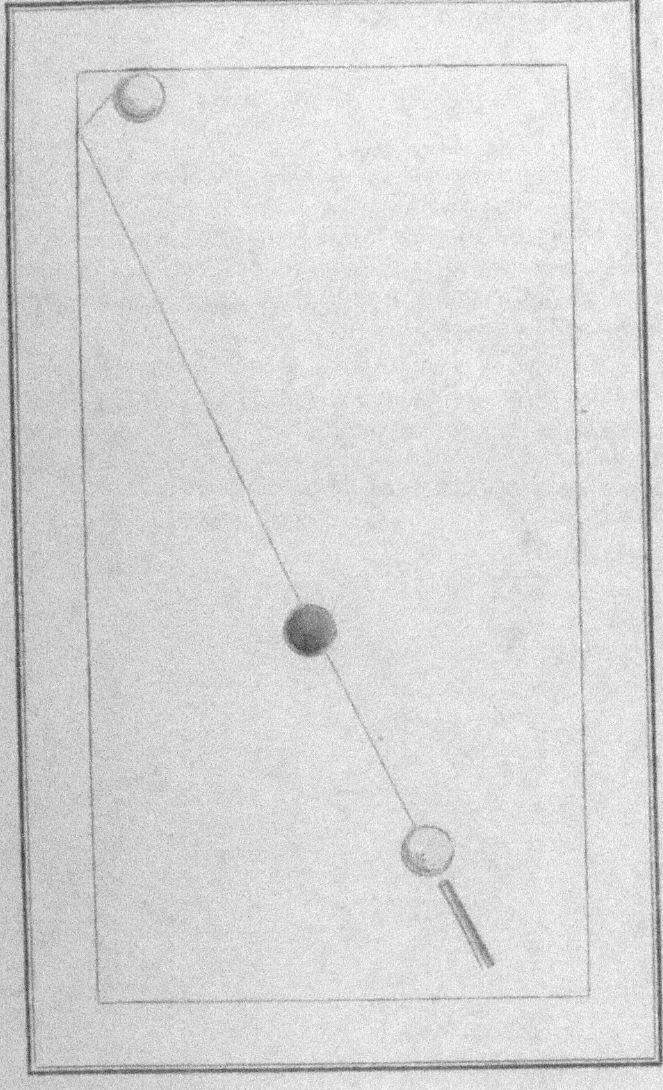

B n° 3.

(Avec effet à droite.)

Le coup dont nous allons parler cette fois, se combine, comme principes, avec le coup de queue à suivre et le coup d'effet à droite. Nous devrons donc, par conséquent :

Prendre la bille en tête, à droite, puis lancer le coup de queue allongé en attaquant la rouge plein; cela fait, notre bille *suivra* jusqu'à ce qu'elle ait touché la petite bande d'en haut; là se produira l'effet à droite que nous avons donné au travail de la bille jouée, et elle ira frapper la grande bande de droite, qui l'enverra caramboler.

PLANCHE B N° 3.

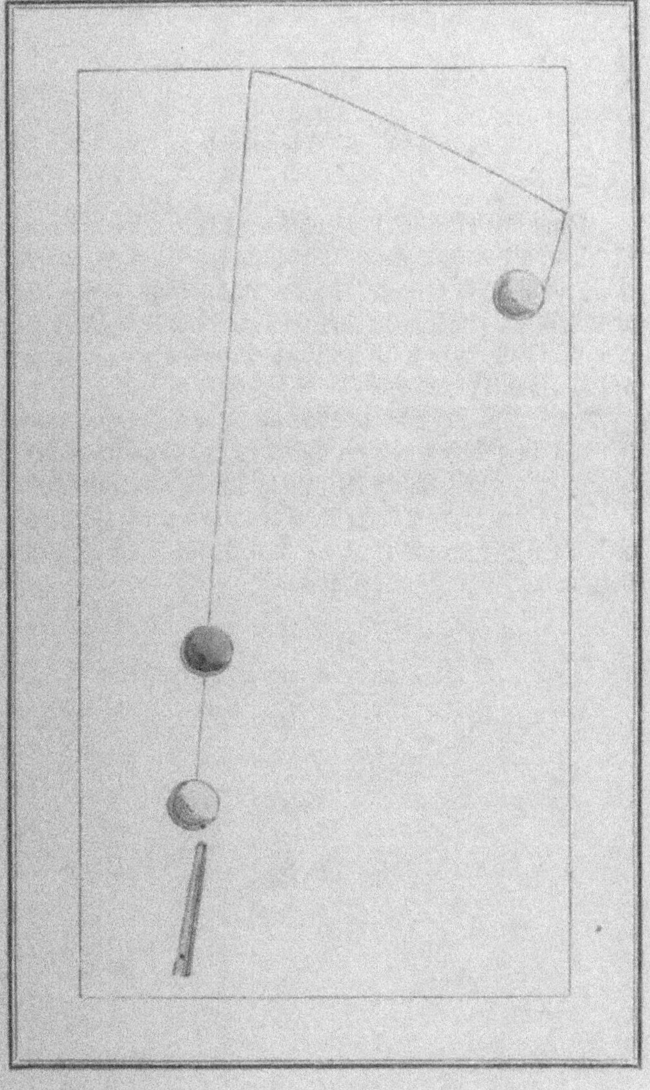

B n° 4.

(Avec effet à gauche.)

Même observation que précédemment pour la combinaison ici encore de deux principes. Cette observation, nous ne la répéterons plus dans les circonstances analogues, notre parenthèse en sous-titre indiquant le principe auxiliaire joint au coup de queue élémentaire prédominant.

Exécution. Prendre la bille en tête, à gauche, avec le coup de queue à suivre; attaquer la rouge plein; la bille jouée *suit* jusqu'à la grande bande de droite, où l'effet se produit en forçant cette bille à remonter jusqu'à la petite bande d'en haut, qui nous fait caramboler.

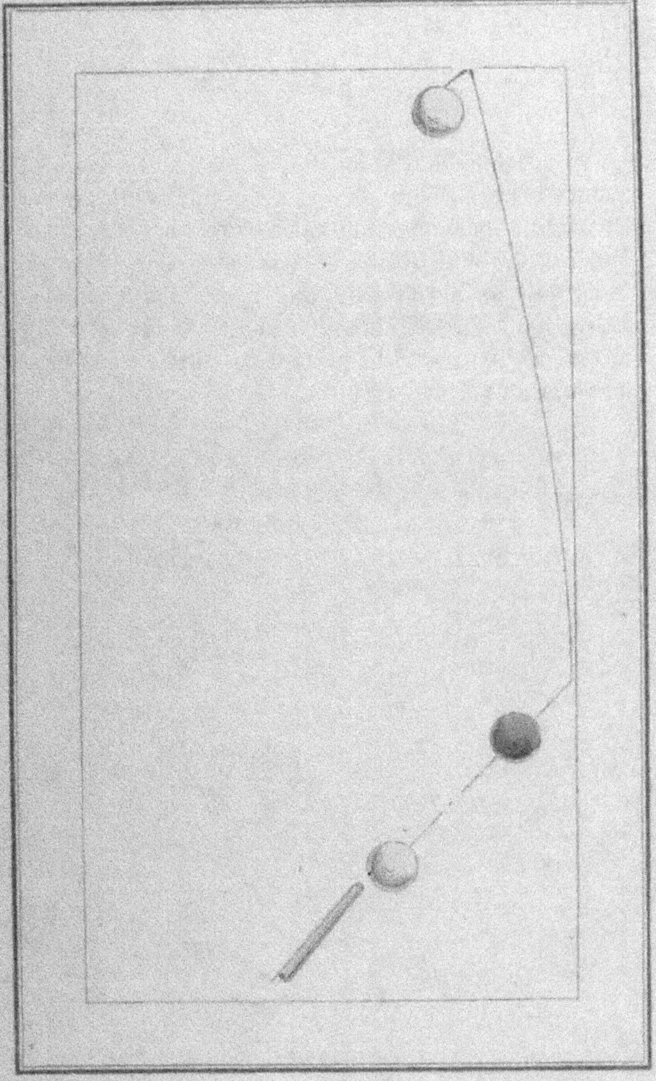

C n° 4.

Prendre la bille à gauche, moitié de sa hauteur, attaquer la rouge demi-plein, à droite; l'effet à gauche se produit au moment où notre bille touche la grande bande de droite, qui alors la renvoie caramboler par la petite bande d'en haut.

Ce coup à suivre est un des plus utiles dans certaines positions que la pratique indiquera à l'élève lorsqu'il sera à même de jouer la série.

PLANCHE C Nº 1.

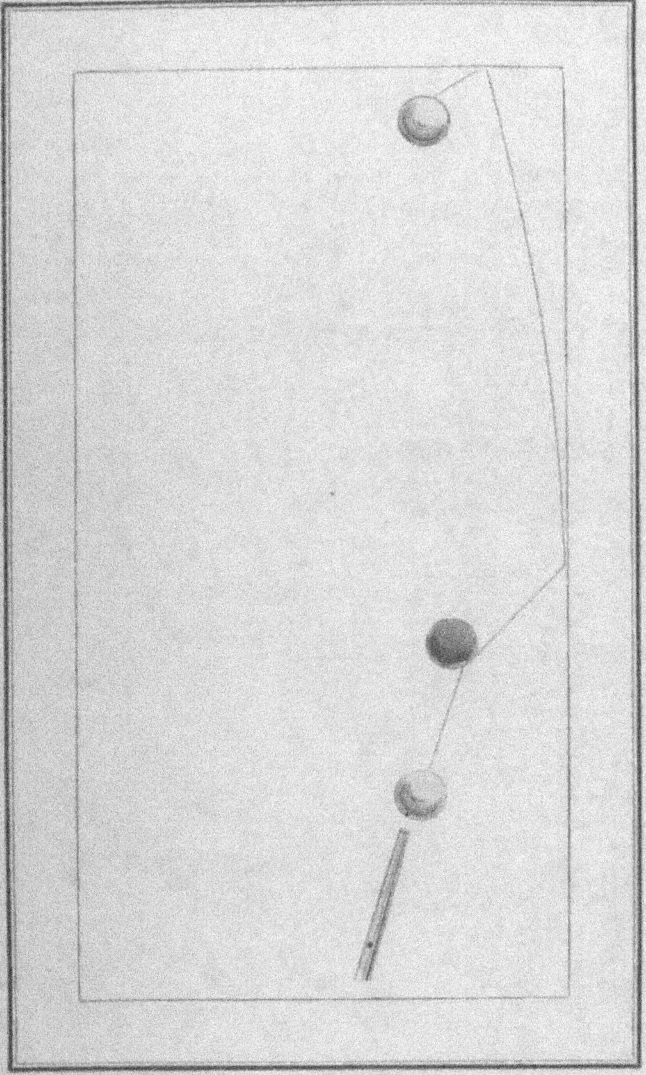

C n° 2.

(Avec le coup de queue arrêté.)

Prendre la bille à gauche, moitié de sa hauteur, la lancer par un coup de queue arrêté, en visant à toucher la rouge demi-plein à droite; nous carambolons par deux bandes.

Tenir la queue un peu inclinée en jouant ce coup, cela donnera de la facilité au joueur. Avec une attaque très-vive en lançant la queue, vous arriverez à caramboler presque chaque fois.

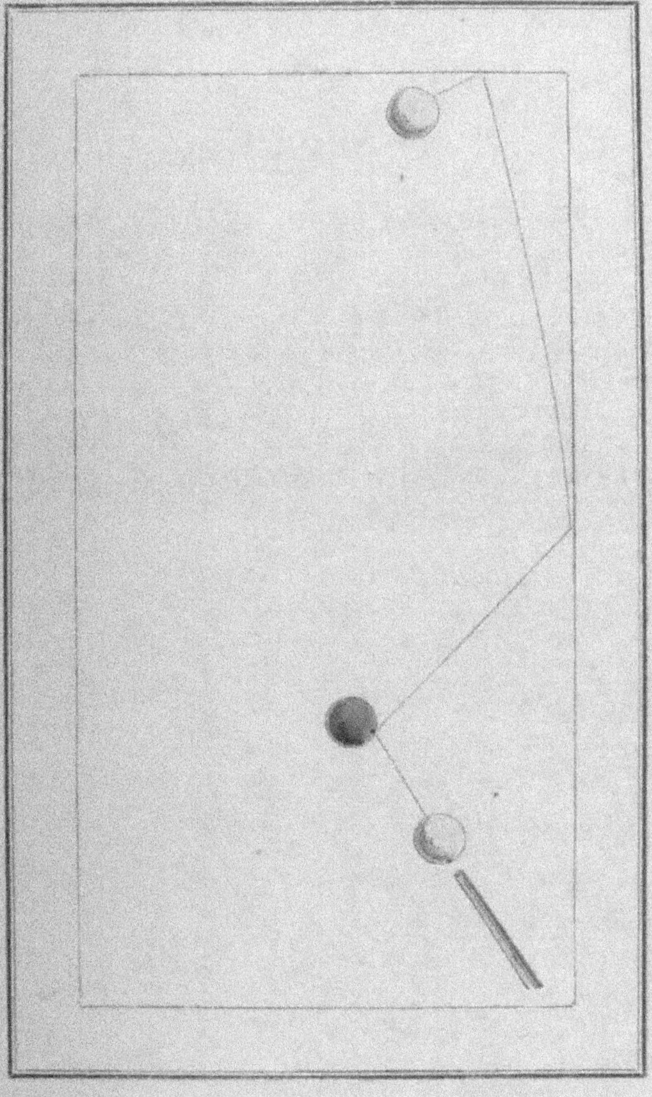

G n° 3.

(*Avec le coup à suivre.*)

Prendre la bille à gauche, moitié de sa hauteur ; donner le coup de queue à suivre, en attaquant la rouge fin à droite. La combinaison des deux principes employés produira un de ces carambolages par quatre bandes qui ne sont pas sans faire honneur à un élève, et même à plus d'un amateur.

Dans une partie de billard, ce coup se présente si souvent, que je prie le lecteur de le considérer comme un des plus utiles carambolages à connaître.

PLANCHE C N° 3.

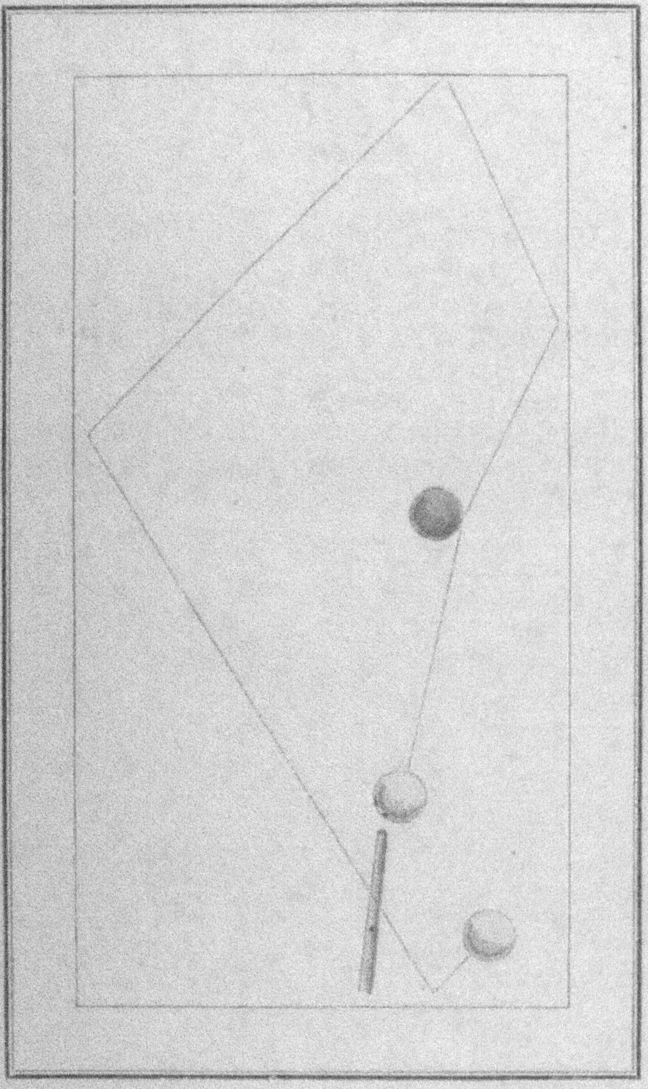

C n° 4.

(Coup de queue arrêté.)

Prendre avec la queue la bille à gauche, moitié de sa hauteur; attaquer la rouge au tiers, à gauche, avec le coup de queue arrêté; on obtiendra ainsi, en carambolant par deux bandes, la marche soumise à la force des effets de gauche et tout à la fois du coup de queue arrêté, que dessinent les lignes de notre tableau.

Nous ne saurions trop répéter à l'élève qu'il faut toujours prendre la première position pour viser la bille juste.

PLANCHE C N° 4.

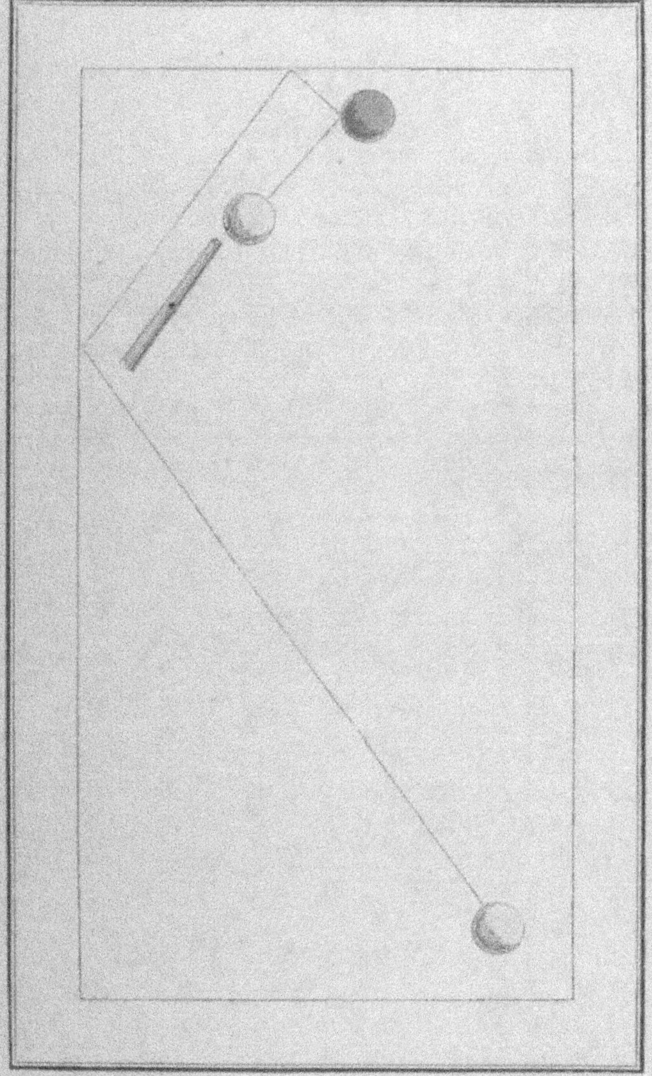

PLANCHE C N° 4.

D n° 1.

Prenez avec la queue la bille à droite, à la moitié de sa hauteur ; attaquez la rouge au quart, à gauche, vous carambolerez par deux bandes sur chacune desquelles se produira l'effet, plus marqué à la petite qu'à la grande bande.

Cet effet se réussit surtout au moyen du coup de queue allongé, qui donne une plus grande impulsion à la bille.

PLANCHE D N° 1.

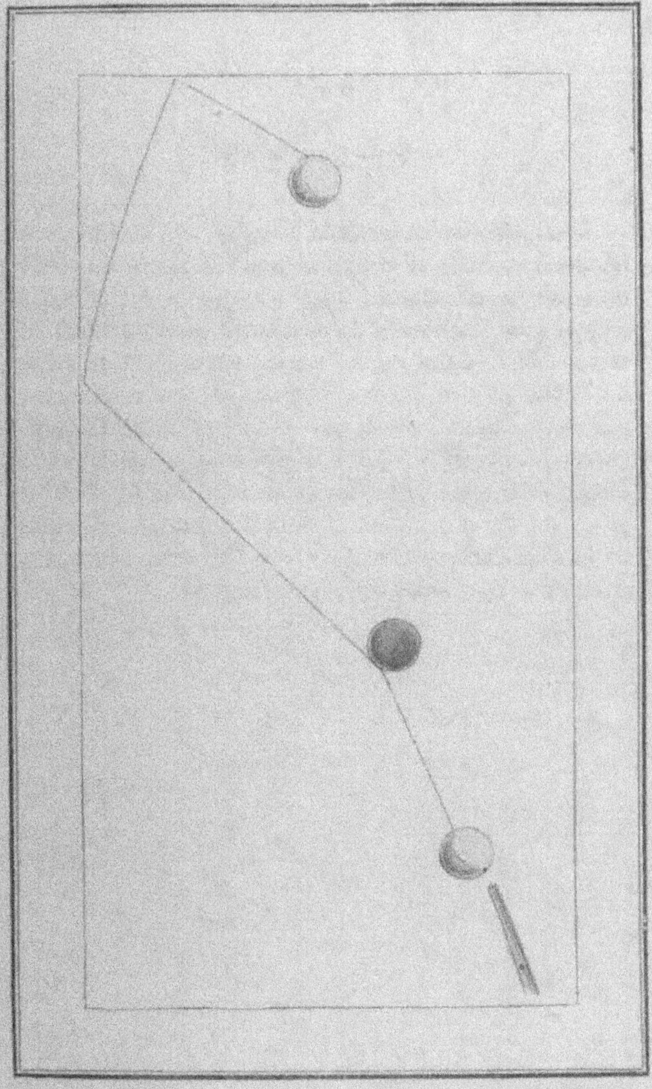

D n° 2.

(Coup de queue allongé.)

Nous prenons notre bille à droite, à la moitié de sa hauteur, et nous la chassons avec le mouvement du coup de queue allongé pour attaquer la rouge fin à gauche; la bille jouée, après avoir *suivi*, obéissant, chaque fois qu'elle rencontre un obstacle, à la force de l'effet qui lui a été communiqué, ira caramboler par cinq bandes, ainsi que l'indique notre tableau. (Nous placerons ici pour mémoire une observation analogue à celle que nous avons faite à la fin de l'explication de la planche type C. Le joueur qui nous honore de quelque attention se la fera sans doute dans d'autres coups; nous n'y reviendrons plus.)

PLANCHE D N° 2.

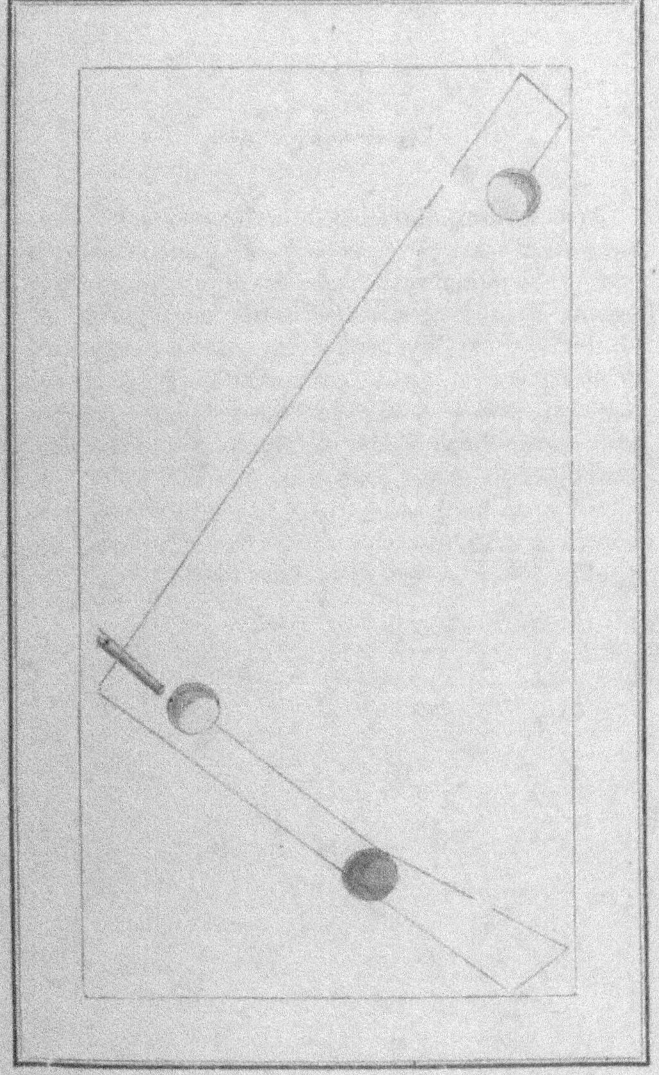

D n° 3.

(Coup de queue arrêté.)

Prenez votre bille à droite à la moitié de sa hauteur, chassez-la avec le mouvement du coup de queue arrêté; attaquez la rouge aux deux tiers, à gauche. Par suite du coup de queue arrêté, votre bille, après avoir touché la rouge, coupera le tapis presque parallèlement aux petites bandes, pour aller frapper la grande bande de gauche qui, en raison de l'effet à droite, nous enverra caramboler directement la bille d'en haut.

PLANCHE D Nº 3.

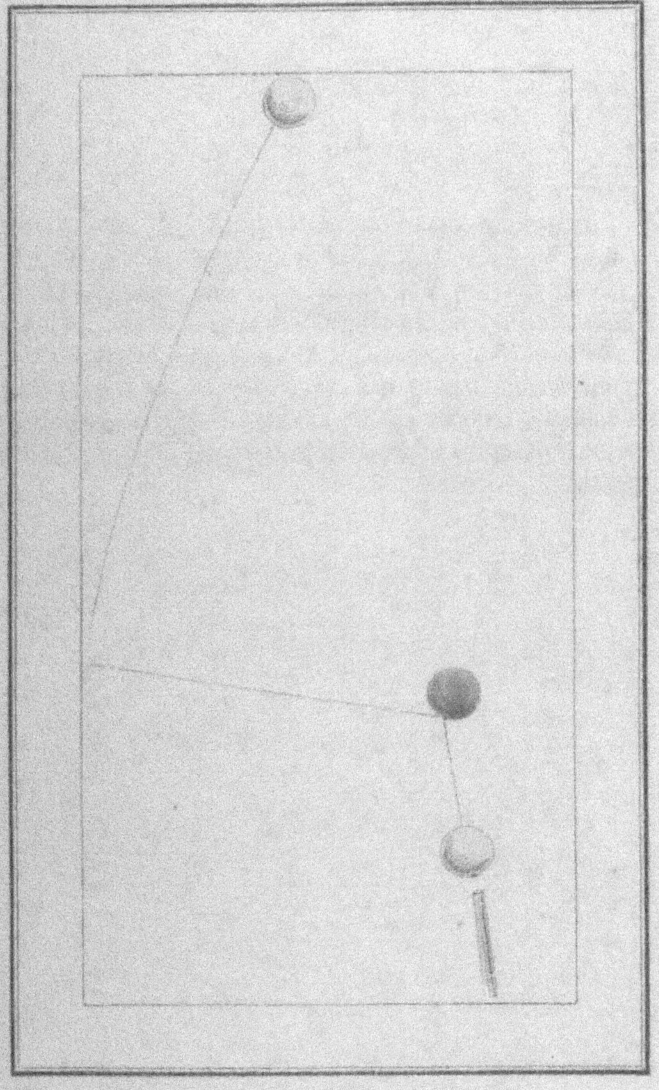

D n° 4.

(Coup de queue de l'effet à revenir.)

Prendre sa bille à droite et bas; donner le coup de queue de l'effet à revenir; attaquer la rouge plein; la bille jouée, par la force de l'effet rétrograde, revient sur elle-même jusqu'à la petite bande d'en bas, d'où l'effet à droite la force de continuer presque parallèlement à cette bande son mouvement en arrière (sans cet effet la bille monterait le billard); elle touche ensuite la grande bande, de laquelle nous allons caramboler.

PLANCHE D. Nº 4.

E n° 1.

Vous prenez votre bille bas, au milieu de sa largeur; donnez le coup de queue tel que nous l'avons indiqué en traitant le type élémentaire E; attaquez la rouge plein. La bille jouée revient directement sur elle-même; puis, rencontre la grande bande de gauche, qui l'envoie achever le carambolage.

En vous voyant réussir souvent ce coup, les amateurs expérimentés reconnaîtront que vous êtes ou que vous deviendrez un excellent joueur.

PLANCHE E N° 1.

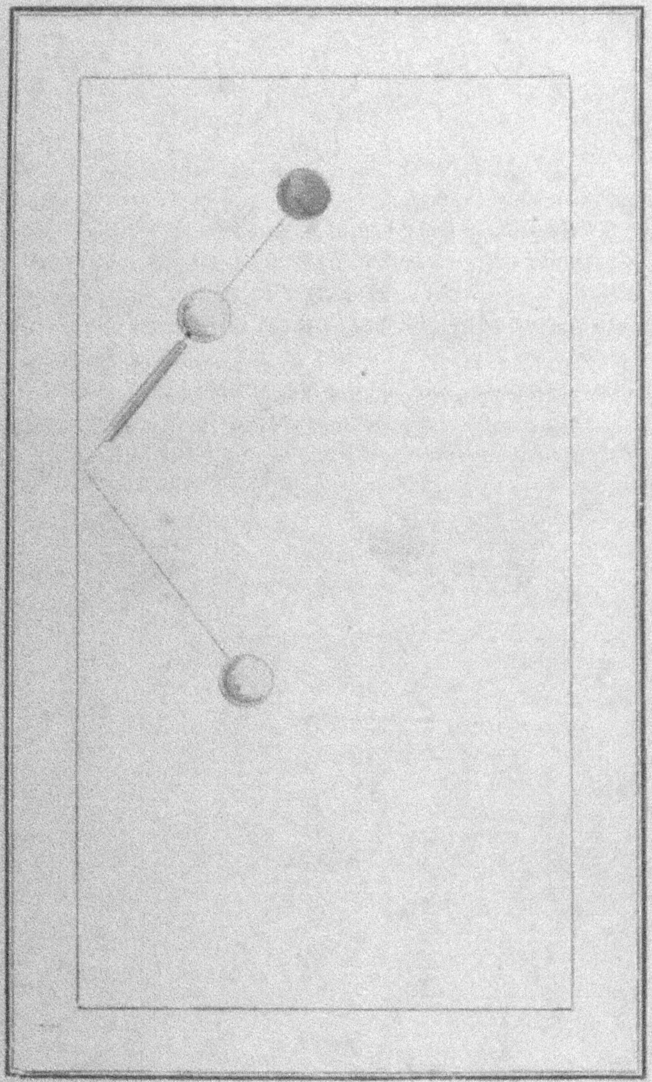

E n° 2.

(*Effet à gauche.*)

Prendre sa bille bas et à gauche; donner le coup de queue type de l'effet à revenir; attaquer la rouge moitié à gauche. L'effet à gauche rejette alors la bille sur la grande bande, et, la force rétrograde obligeant cette bille à revenir jusqu'à la petite bande d'en bas, elle est poussée sur la bille à caramboler.

Ce coup, joué avec mesure, doit infailliblement donner un carambolage pour le coup suivant.

PLANCHE E. Nº 3.

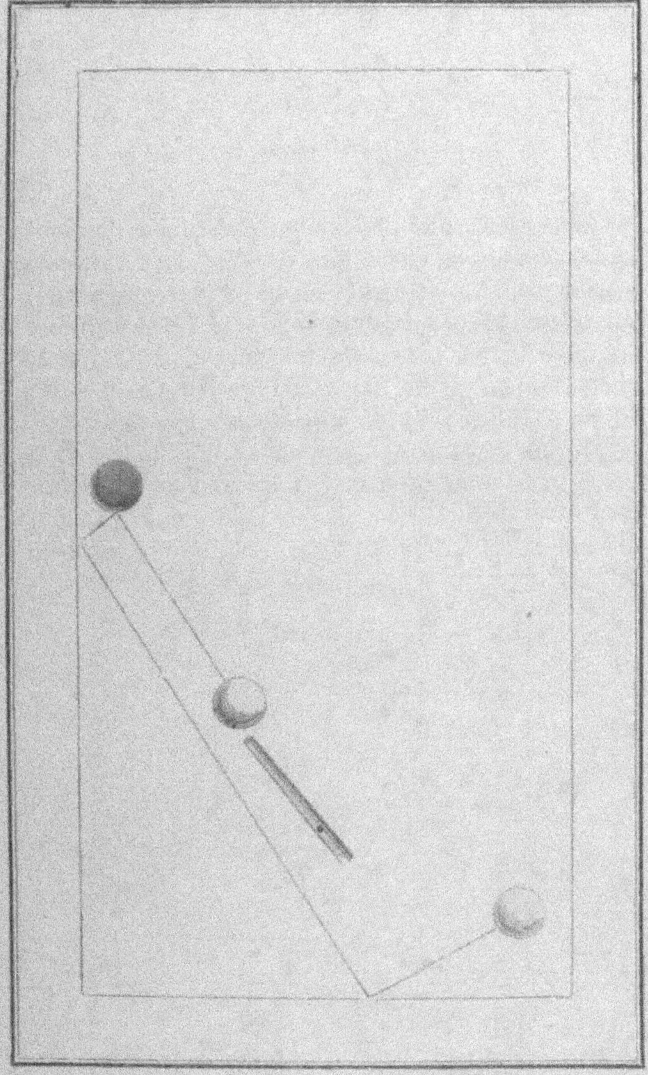

E n° 3.

(Effet à droite.)

Nous prenons notre bille bas et à droite; donnons le même coup de queue que dans les deux exemples précédents, et attaquons la rouge plein. La bille jouée rétrograde jusqu'à la grande bande; l'effet à droite, au moment où cette bille touche, lui fait suivre le chemin indiqué sur notre tableau jusqu'à la petite bande d'en bas, avec l'aide de laquelle elle carambole.

Quand ce coup se trouve à 40 centimètres de la petite et de la grande bande, votre effet de côté donne à la bille attaquée une rotation contraire à cet effet, qui oblige cette dernière à se porter dans l'angle du billard.

PLANCHE II N° 3.

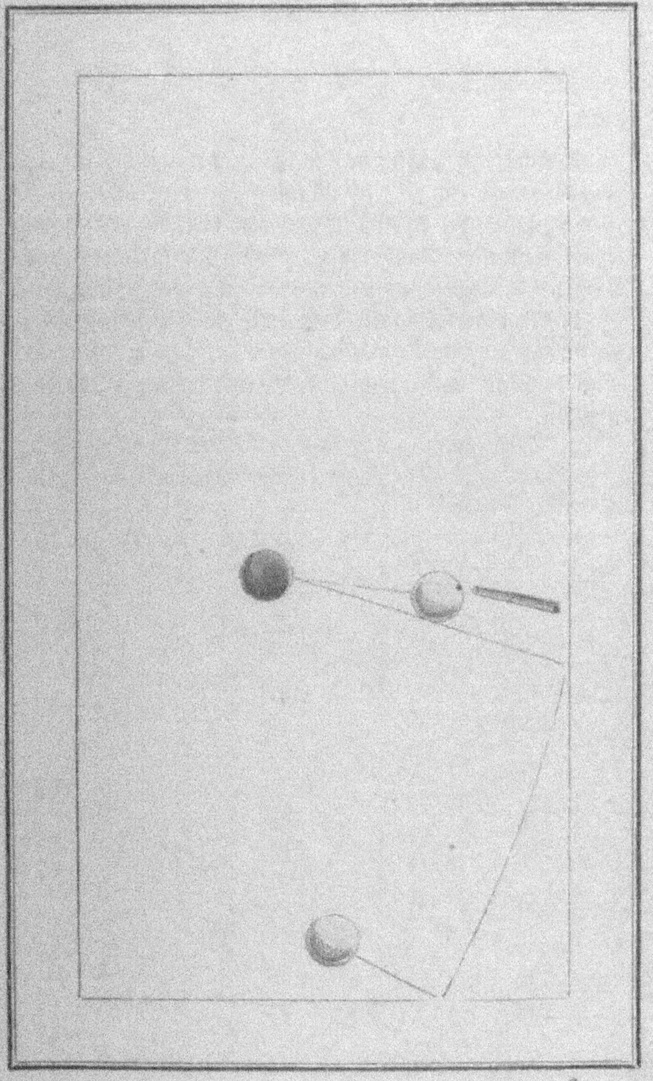

F n° 1.

Prenez votre bille sur le haut, au milieu un peu à gauche et un peu en arrière; donnez le coup de queue de l'effet massé. S'il est réussi, la bille jouée décrira une demi-ellipse au bout de laquelle se trouvera un carambolage qui vous fera un certain honneur.

Il est bien entendu que pour masser il faut tenir sa queue perpendiculairement et toucher sa bille presque toujours sur un des côtés, soit en avant, soit en arrière.

PLANCHE F N° 1.

F n° 2.

(Effet à gauche.)

Prendre la bille sur le haut, bien à gauche, avec le coup de queue du massé; attaquer la rouge fin à droite. Les forces combinées du massé et de l'effet à gauche feront alors décrire à la bille jouée une parabole, qui l'amèneront à caramboler par deux bandes.

Ce coup est un des plus gracieux et un des plus difficiles; il demande une grande pratique du noble jeu de billard.

PLANCHE I^e N° 2.

F n° 3.

(*Effet à droite.*)

Prenons notre bille sur le haut, bien à droite, par le coup du massé. Attaquons la rouge fin à gauche, et nous carambolerons de bille à bille par la parabole indiquée sur notre tableau.

G n° 1.

Nous l'avons dit en d'autres termes : le plus souvent il entre dans la combinaison du carambolage, par le coup arrêté, d'obtenir pour résultat définitif la réunion des trois billes qui, en général, devient le commencement d'une série de coups certains ou peu s'en faut. La série sera d'autant plus et mieux assurée que les billes se trouveront rassemblées dans un des angles du billard ; cela est on ne peut plus facile à comprendre, puisque, géométriquement, une bille à rencontrer grossit en raison directe du peu d'espace dont elle est le centre. De là une théorie sur laquelle il est inutile que nous insistions davantage, après ce que nous avons déjà dit aux commentaires du tableau-type G. Voyons-en l'application.

Dans notre exemple G 1, nous nous proposerons de caramboler de manière à réunir les trois billes à l'angle gauche du bas du billard. Assignons par la pensée une limite à l'espace dans lequel elles devront se

PLANCHE P Nº 3.

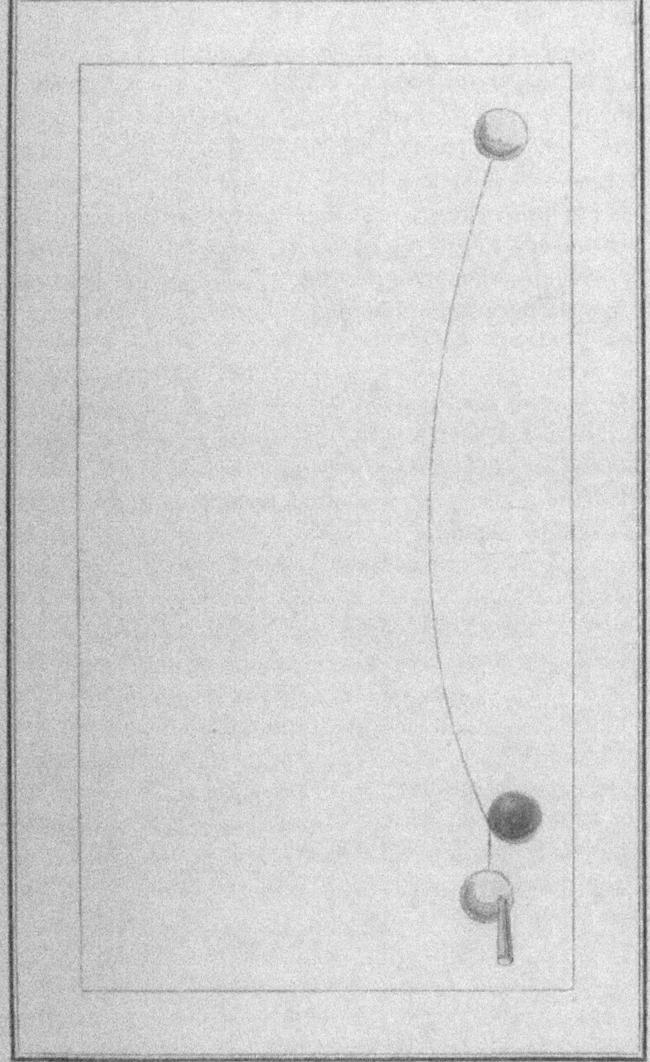

retrouver, limite qui est représentée sur le tableau par la ligne formant arc de cercle.

Sachant [1] que notre bille jouée par le coup arrêté ira toucher doucement et à peine déranger la bille adverse blanche, dont elle prendra pour ainsi dire, sinon exactement, la place, nous n'avons à nous occuper que du travail auquel doit être soumise la rouge. Les lignes en pointillé dessinent sur notre tableau la marche que nous avons à faire suivre à cette bille. Pour cela, nous jouons de la manière suivante :

Nous prenons notre bille au centre, en attaquant plein la rouge par le coup de queue arrêté à la distance de notre petite ligne en pointillé. Les deux billes blanches, notre carambolage fait, restent dans l'angle de réunion adopté, et la rouge, après avoir, par trois bandes doublé le billard presque dans toute sa largeur, vient les y rejoindre. Le double résultat de notre coup a été ainsi obtenu.

1. Voy. l'explication du tableau type G.

PLANCHE G N° I.

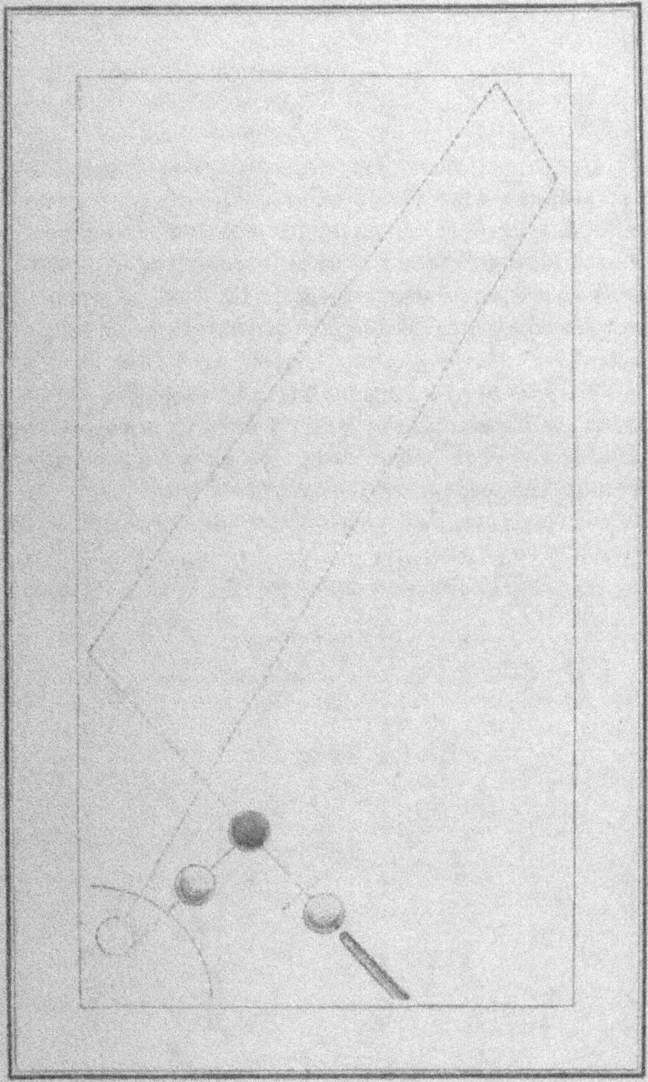

MANUEL DU JEU DE BILLARD.   89

G r.° 2.

Dans notre second exemple, nous nous proposerons de réunir les trois billes dans l'angle gauche du haut du billard, tout en carambolant, bien entendu. Bien que, cette fois, nous ayons à faire faire à notre bille un chemin plus long que dans le coup précédent, ce sera encore la rouge qui aura la plus grande partie du travail à réaliser comme parcours [1].

Voici le coup : Prendre sa bille au centre par le coup arrêté ; attaquer la rouge à moitié à droite ; cette bille fait alors le long chemin indiqué par notre ligne pointillée, pour venir s'arrêter dans notre angle de réunion. Pendant ce temps, notre bille va caramboler par la grande bande de gauche et la petite bande d'en haut, dans cet angle où elle reste avec la bille adverse.

[1]. Et, nous le répétons, dans les coups analogues, c'est toujours la bille attaquée par celle du joueur qui travaille ainsi.

PLANCHE G Nº 3.

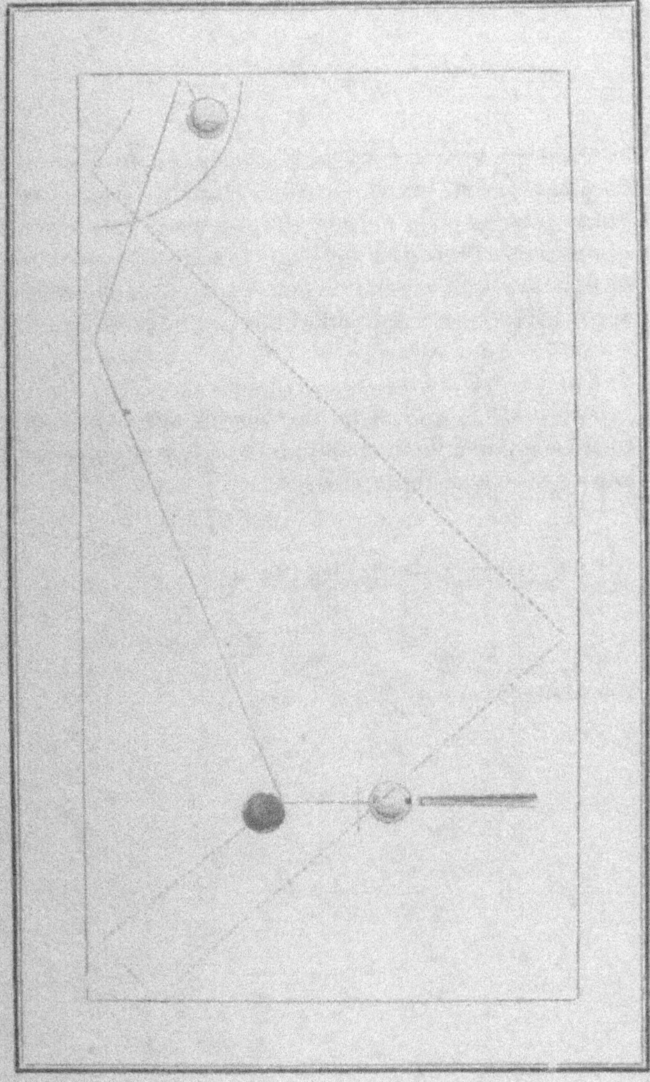

H n° 1.

Prendre, avec le coup un peu fort, la bille à jouer un peu en haut, au milieu de sa largeur, attaquer la rouge presque plein un peu à droite (cette bille serait complétement collée au lieu d'être à une petite distance de la bande, que ce serait le même coup à employer!). Après avoir joué ainsi, nous verrons notre bille remonter par des paraboles le long de la grande bande de gauche et enfin achever le carambolage.

Chaque fois que le joueur voudra faire tenir la bande à sa bille, il devra toujours se servir de ce coup, afin de faire obéir cette bille.

1. *Voy. Coups élémentaires*, tableau H.

PLANCHE H N° 1.

II n° 2.

Nous prenons notre bille en tête, dans le milieu de sa largeur; nous donnons vigoureusement le coup allongé, pour attaquer la rouge aux deux tiers à gauche. La bille jouée dessinera, parallèlement à la petite bande d'en haut, une double parabole au bout de laquelle le carambolage aura lieu.

Éviter surtout de donner le moindre arrêt au coup une fois lancé, afin d'éviter une pression que la main droite est forcée de produire du moment qu'il y a un temps d'arrêt.

Nous ne multiplierons pas les exemples. Si nos démonstrations ont obtenu l'honneur d'être suivies avec attention, on est assez initié maintenant à l'application des principes et à leurs différentes combinaisons pour voir la manière ou les différentes manières d'exécuter un coup, quel qu'il soit, et mettre à profit ce que peut donner une connaissance générale aidée de la sûreté de main et de coup d'œil pour lesquels il ne peut y avoir d'autre maître qu'une pratique intelligente.

PLANCHE II N° 2.

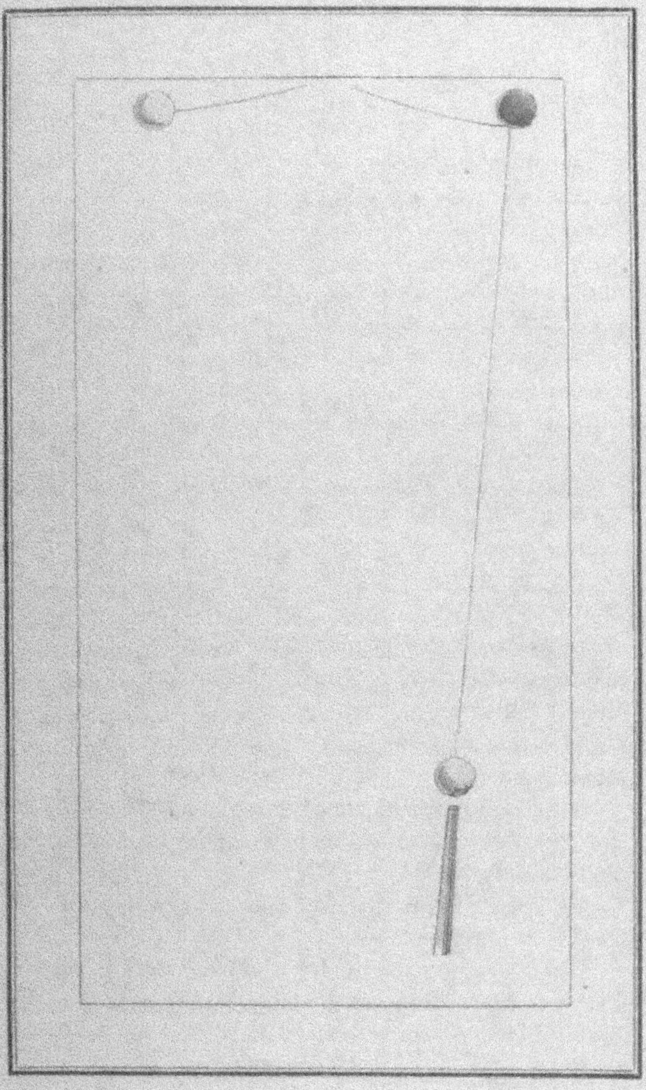

CHAPITRE V.

Partie du Carambolage.

PARTIE DES AMATEURS.

La partie la plus généralement jouée depuis un certain nombre d'années est celle dite du carambolage, et elle l'a tellement emporté sur les anciennes, que l'on n'a plus fait les billards que pour elle, en supprimant leurs blouses.

Son nom peut lui servir de commentaire tout entier : en effet, elle se compose uniquement d'une suite de carambolages.

On la joue à deux (ce qui a lieu le plus souvent), à trois et à quatre personnes.

Dans le premier et dans le second cas, celui des deux ou des trois joueurs qui a fait le plus tôt le nombre de carambolages convenu (ordinairement 24) gagne la partie.

Chacun joue alternativement un coup lorsqu'il ne carambole pas; mais la personne qui a fait un carambolage continue à jouer, et cela aussi longtemps qu'elle carambole, jusqu'au coup où elle cesse d'être aussi heureuse ou aussi adroite[1].

Dans le troisième cas, c'est-à-dire dans la partie à quatre, deux joueurs d'un côté et deux joueurs de l'autre mettent leur intérêt en commun. A et B, par exemple, dont les points se comptent ensemble, jouent contre Y et Z, qui, bien entendu, ne font aussi qu'un seul compte de leurs points. La partie sera ainsi gagnée pour les premiers si A ou B ont fait, avant Y ou Z, le 24e carambolage ou le 12e, etc. (suivant que la partie est de 24, de 12, etc., carambolages); *et vice versâ* pour les seconds.

On procède le plus généralement de la manière suivante : continuons à supposer la partie engagée entre nos quatre personnages alphabétiques : A jouera d'abord contre Y, jusqu'à ce que l'un ou l'autre fasse un carambolage ou plusieurs carambolages de suite. Si c'est A, alors Z viendra prendre la place de son partenaire Y, et la partie se poursuivra entre A et Z, jusqu'au moment aussi où l'un des deux carambolera une ou plusieurs fois de suite; c'est encore A, par exemple, Y vient à son tour remplacer Z et la partie continue entre A, Y, comme précédemment, pour arriver de la même manière à un nouveau changement d'adversaire. Y, cette fois, carambole; B succède enfin au redoutable A,

1. Dans l'ancienne partie française, dite *la carambole*, que donne d'ailleurs ce Manuel, il était de principe de ne jouer qu'un seul coup à tour de rôle, que l'on carambolât ou non, à moins de convention contraire pour la première hypothèse (voy. page 119). Ce principe, qui rendait impossible *le jeu de séries*, si intéressant et si précieux, est avec raison tombé en désuétude.

qui probablement aura aussi son tour de chômage, et ainsi de suite, un joueur remplaçant son partenaire, chaque fois que l'adversaire avec lequel il se mesure a carambolé ou fait une série.

Une autre manière moins usitée, moins agréable de faire la partie serait que chacune des quatre personnes jouât alternativement : A, puis Y, puis B, puis Z ; les différentes règles dont nous venons de parler, observées d'ailleurs.

Le manque de touche n'est aujourd'hui, dans la partie du carambolage (des amateurs), qu'un coup mal joué ; une bille prise trop fin et ne fait rien perdre pas plus qu'une bille attaquée trop plein [1]. Le billard a mis, pour cette faute d'adresse et quelques autres, sa législation pénale en harmonie avec les progrès de la civilisation ; nous ne le lui reprocherons pas.

Mais tout joueur un peu digne de ce nom sera inflexible pour l'action de queuter ou de billarder [2]. Selon nous, elle constitue quelque chose comme une filouterie de queue. Ce n'est donc pas trop, comme cela est d'usage en France, de tenir pour nul le carambolage fait en queutant ou en billardant ; ce n'est pas assez, à notre avis, et certes à celui de la plupart des maîtres, sinon de tous. Il y aura donc simple et bonne justice de convenir que la personne ayant billardé ou queuté démarquera un carambolage, qu'elle ait carambolé ou non.

Quant aux autres règles à observer pendant la partie dont nous nous occupons, elles sont peu nombreuses ; les voici :

Lorsque, après un coup joué, deux billes se tou-

---

1. Dans l'ancienne partie, c'est-à-dire lorsque *le carambolage* valait deux points, le *manque de touche* était puni par la perte d'un point.

2. Voir notre *Vocabulaire* pour l'explication de ces deux termes.

chent, il y a lieu de les séparer, savoir : si ce sont les deux billes blanches, ou bien si c'est la bille à jouer qui touche la rouge, on replace comme pour commencer la partie, c'est-à-dire la rouge sur la mouche du haut, la bille blanche sur la mouche du milieu de la ligne du quartier, et la personne qui doit jouer se met en main, dans les six pouces.

Si la bille adverse touche la rouge, la partie continue dans la position où se trouve le jeu.

Une autre sorte de circonstances peut se présenter : un joueur fait sauter sa bille, envoie celle qu'il attaque ou la rouge par-dessus le champ du billard : la bille jouée se place alors sur la mouche du milieu de la ligne du quartier, et si cette mouche est occupée, sur celle du milieu du billard ; la bille adverse est placée et jouée en main dans les six pouces ; la rouge se pose sur la mouche d'en haut, et dans le cas où cela ne se pourrait pas, sur celle du milieu du billard ; toutes autres choses, dans les trois cas, restant en l'état.

Voilà à peu près les seules circonstances pour lesquelles il soit resté des règles fixes. Anciennement, le plus petit incident était l'objet d'un texte de loi qui obligeait les joueurs à posséder tout un code *ad hoc* ; la noble étude du billard participait d'un cours de procédure plus que suffisant pour excuser l'erreur de de ces trop nombreux étudiants en droit d'autrefois, qui prenaient aussi souvent le chemin de l'estaminet que celui de l'école. Aujourd'hui, la courtoisie des joueurs, leur esprit de concession, leurs habitudes de prévenances gracieuses suppléent à ces vieux fatras de règles, qui était la froide, parfois la hargneuse étiquette du beau jeu de billard, et l'on ne s'en trouve que mieux.

Il ne nous reste donc plus qu'à parler du début de

la partie de carambolage. La rouge se place sur la
mouche d'en haut, et une des deux blanches sur la
mouche formant le milieu de la ligne du quartier.
La personne qui commence pose sa bille sur la mouche de droite ou de gauche, ou sur un point quelconque
de cette ligne, ou encore dans l'espace du demi-cercle
en arrière dont la susdite ligne est le diamètre, dans
ce que l'on appelle, en termes techniques, les *six pouces*,
et de là elle doit jouer sur la rouge[1].

Au temps des parties réglementées avec un luxe de
prévoyance qui allait jusqu'à parler du cas où un joueur
soufflerait (en éternuant probablement) sur sa bille, ou
remuerait le billard[2], dans ce temps-là, on tirait le bil-
ard[3] pour décider qui jouerait le premier; maintenant
ce n'est plus qu'une question de politesse : les joueurs
se rappellent qu'ils sont les descendants de ces Français qui, le chapeau à la main, priaient, à Fontenoy,
les Anglais de tirer les premiers.

PARTIE DES MAITRES.

Entre maîtres, ou entre amateurs qui ont intéressé
la partie, comme on dit vulgairement, on y est moins
indulgent pour les fautes réciproques, et elle se joue
de la manière suivante :

Le carambolage se compte deux points;

Le manque de touche fait gagner un point à l'adversaire du joueur qui l'a fait;

1. Voy. *Coups composés*, planche B 1.
2. Textuel.
3. Voy. *Anciennes parties; partie française ordinaire.*

Queuter ou billarder annule le carambolage s'il a été fait, et dans tous les cas, fait perdre un point que marque la partie adverse;

Le joueur qui fait sauter sa bille hors du billard donne également un point à son adversaire.

Toutes les autres régles dont nous avons parlé dans la partie des amateurs observées d'ailleurs.

CHAPITRE VI.

Partie du casin.

(Les trois billes et une quille.)

La partie actuelle, dite du casin, se joue avec les trois billes ordinaires et une quille.

Elle se compose :

1° Du coup du casin ;

2° Du coup de la quille ;

3° Du carambolage ordinaire.

Le coup du casin consiste à faire toucher la rouge par la bille de son adversaire, soit au même ou au doublé, en jouant sur cette bille[1]. La personne qui fait le casin marque quatre points.

Le coup de la quille s'exécute : 1° en jouant encore sur la bille adverse, mais pour abattre la quille, soit au même ou au doublé, aussi avec cette bille[2] ; 2° en renversant la quille par la rouge, mais à la suite d'un casin ou d'un carambolage fait d'un même coup ; si

---

1. Voir nos exemples n°ˢ 2 et 3.
2. *Id.*, n°ˢ 1, 2 et 3.

la quille est simplement abattue avec la rouge, on perd dix points, que marque l'adversaire.

Le coup de la quille vaut dix points.

Pour le carambolage, il se fait tel que nous le connaissons, si ce n'est qu'il doit commencer par la bille blanche adverse, comme on va le voir. Tout ce que nous avons donc à en dire ici, c'est qu'il rapporte deux points.

La loi absolue de cette partie est de toujours jouer sur la bille blanche adverse.

Quant aux autres règles moins essentielles, elles sont restées un peu soumises au caprice des joueurs; cela vient-il de ce que cette partie aurait, en raison de sa variété, le précieux privilége d'être en faveur parmi les dames, nous l'ignorons; mais, quoi qu'il en soit, voici les conventions le plus généralement adoptées et celles que nous conseillons.

On ne peut faire plus de deux casins de suite; après le second, le joueur cède le tapis à son adversaire.

Les coups de quille et les carambolages poursuivent leurs séries, soit en se combinant, soit en se succédant à eux-mêmes, soit en s'enchaînant avec des casins séparés, et cela jusqu'à un coup non réussi; ainsi, il serait permis à un joueur de faire de suite, par exemple: un casin, deux carambolages, deux coups de quille; un casin, un coup de quille, un casin; mais si, alors, il arrivait un nouveau casin, la main de ce joueur devrait cesser, de même que s'il avait fait un coup nul comme résultat.

Le casin, la quille, le carambolage ou deux de ces coups faits (dans quelque ordre que ce soit d'ailleurs) d'un seul coup de queue comptent tous; le joueur assez habile pour cumuler de la sorte le succès, pourrait donc marquer, en une fois, jusqu'à seize points[1].

Mais s'il y a d'habiles, d'heureux joueurs, il s'en trouve de moins adroits, de moins favorisés du sort : à ceux-là nous dirons de prendre garde, tout en essayant de faire le plus de points possible :

1° De manquer de touche ou, au moins, s'ils le font avec intention[2], de saluer la bille, car autrement, ils donneront deux points à leur adversaire, si la bille jouée n'a pas salué celle à attaquer (la blanche), et un point dans le cas contraire;

2° De toucher la rouge avant la blanche, ce qui leur coûterait trois points que marqueraient encore leurs adversaires, plus les points faits, s'il y en a;

3° De renverser la quille avec leur bille, manière trop généreuse d'enrichir de dix points les adversaires, en annulant les points que l'on aurait faits soi-même avec le même coup de queue;

4° Enfin et surtout d'abattre cette quille avec leur queue, avant que les billes soient arrêtées; ils en seraient, en effet, pour la perte des points qu'ils viendraient de faire, et qui passeraient au compte du même adversaire, plus, en tout état de cause, pour un cadeau de dix points à cet adversaire.

A cela, il y a une petite compensation, c'est qu'une fois les billes arrêtées, on peut abattre gratis cette quille tout à la fois menaçante et attrayante comme la Fortune, cette déesse en même temps bonne et mauvaise.

La partie du casin se joue ordinairement en cinquante points.

---

1. Voir notre exemple n° 3.

2. Faute de pouvoir jouer, comme on y est absolument obligé, sur la bille blanche adverse sans risquer d'abattre la quille ou de toucher en premier lieu la rouge.

On la commence ainsi :

Après avoir posé la quille sur la mouche du milieu qui est sa place invariable, — si, dans le courant de la partie cette mouche se trouve occupée, la quille est retirée jusqu'à ce que sa place soit redevenue libre, — un des joueurs chasse du quartier la rouge, puis sa bille, en les dirigeant vers le point qu'il lui plaît : le plus généralement dans les angles droit et gauche du haut du billard, ces deux billes ainsi placées rendant assez difficile le succès du premier coup à faire. L'autre joueur place ensuite sa bille dans le quartier, au point qui lui convient le mieux et joue sur la blanche que l'on doit seule attaquer, ainsi que nous l'avons dit.

Donnons quelques exemples de coups à faire dans la partie dont nous venons de vous entretenir.

Coup de la partie du casin.

(Carambolage et quille.)

N° 1.

La personne qui a joué la première vient de donner son acquit, c'est-à-dire de chasser du quartier, avec la queue, la rouge et sa bille. Nous avons placé la nôtre dans ce même quartier et un peu à droite. Ce que nous voulons faire, c'est le carambolage et la quille, cette dernière par la bille adverse bien entendu[1].

Pour arriver à ce double résultat, nous prenons notre bille en tête et donnons le coup allongé en vi-

1. Voir *Partie du casin.*

PARTIE DU CASIN. — Nº 1.

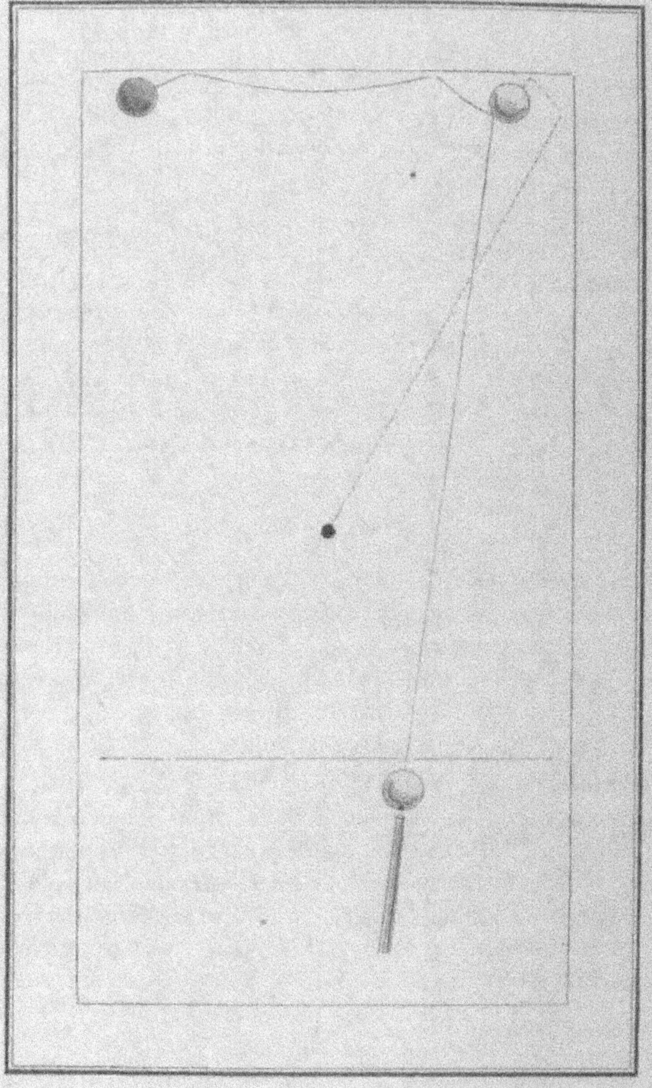

sant à toucher la blanche adverse *au tiers à gauche*;
la bille jouée va alors caramboler sur la rouge par une
voie elliptique le long de la petite bande d'en haut.
Pendant ce temps, la blanche adverse descend par
cette petite bande et la grande bande de droite, pour
renverser la quille; nous avons donc fait coup double;
la quille est relevée, remise en place et nous continuons jusqu'à ce que nous ayons fait un coup nul ou
contraire à nos intérêts.

Coup de la partie du casin.

(Quille et casin.)

N° 2.

Prendre sa bille au centre; attaquer, avec le coup
de queue arrêté, la bille blanche adverse, presque plein,
un peu à gauche. Cette dernière ira, par la petite
bande d'en bas et par la grande bande de droite, abattre
la quille; puis, poursuivant sa route, par la grande
bande de gauche, toucher la rouge et faire ainsi le
casin; le joueur aura donc quatorze points à marquer.

PARTIE DU CASIN. — Nº 2.

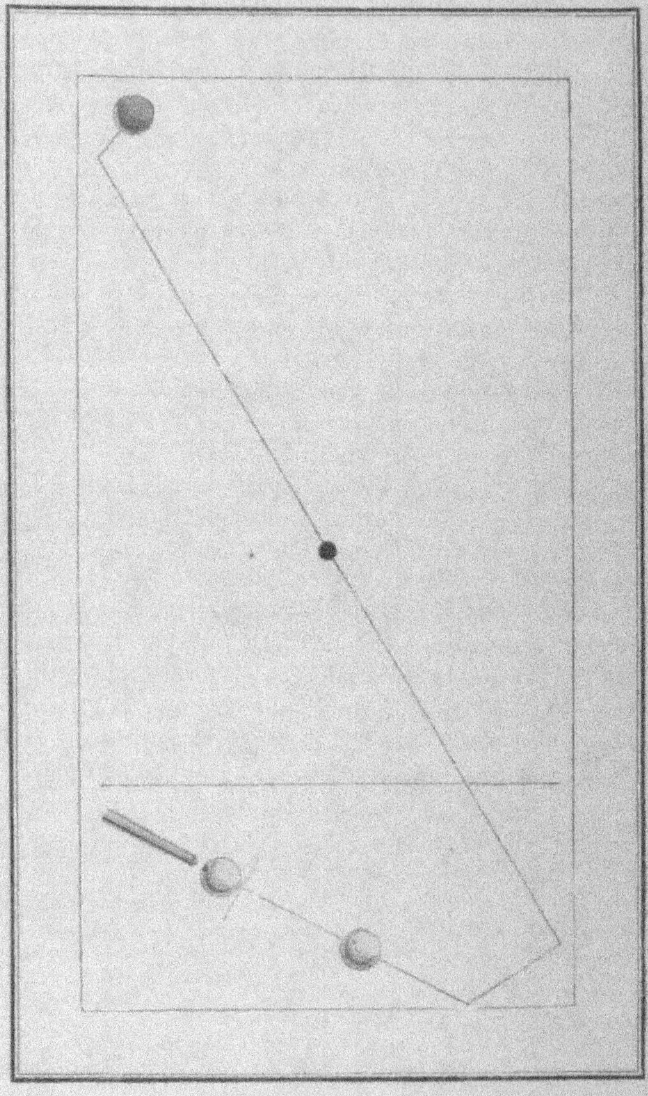

Coup de la partie du casin.

(Carambolage, quille et casin.)

N° 3

Nous prenons notre bille bas et à gauche, par le coup arrété[1], ce qui la fait, en touchant la bille blanche adverse aux deux tiers à droite, descendre vers la petite bande, puis toucher la grande bande de droite, d'où elle va doucement caramboler sur la rouge derrière laquelle elle reste sans la déplacer: or, cela était indispensable pour arriver au casin qui ne pouvait plus se faire si cette rouge était masquée par notre bille, et si la bille blanche adverse ne la retrouvait plus à la place où il avait fallu calculer que cette dernière viendrait la chercher et la toucher après avoir, par trois bandes, abattu la quille.

Nous aurons ainsi fait seize points; de plus, nous avons un commencement de série, grâce, on en a déjà fait l'observation, à l'emploi du coup arrété, dont nous connaissons le résultat, en ne jouant pas trop fort.

En effet, au moyen de ce coup de queue, notre bille reste à peu près en place, et nous évitons de rencontrer la bille jouée.

1. Les lecteurs de ce manuel, s'ils ont suffisamment étudié notre théorie des coups de queue élémentaires, sont assez forts pour apprécier sans commentaire le résultat de la combinaison du triple principe que nous appliquons ici.

PARTIE DU CASIN. — N° 3.

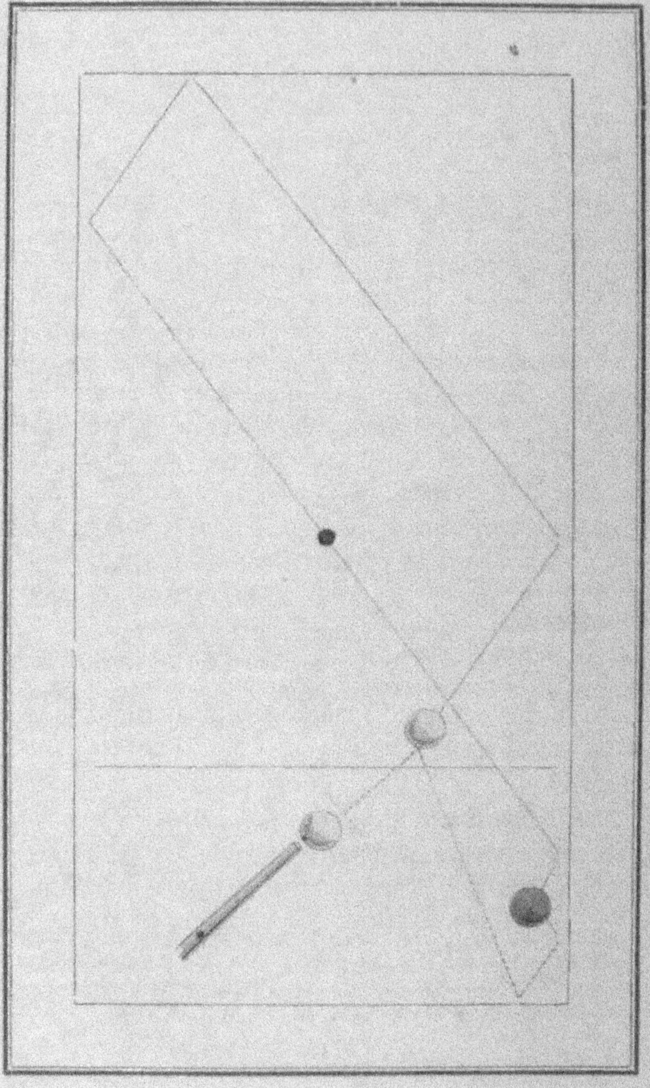

CHAPITRE VII.

Partie Désiré.

Aux lecteurs de ce manuel nous ferons ici hommage d'une partie reçue avec assez de faveur pour que l'on ait bien voulu lui donner le nom auquel nos vingt années[1] d'étude, de pratique, de connaissance du billard ont valu quelque notoriété parmi les amateurs et les professeurs de ce noble jeu. Elle a semblé présenter l'avantage de réunir heureusement, c'est-à-dire sans complication gênante, et en le concentrant, le triple intérêt de l'ancienne partie avec les blouses, de la simple partie du carambolage et de celle du doublé. Si l'éloge dont nos bienveillants disciples l'ont jugée digne est juste, l'ingéniosité, l'adresse et le plaisir des joueurs y trouveront donc une variété que nous serons flatté et heureux d'avoir pu leur offrir.

---

1. A l'âge de onze ans, M. Désiré Lemaire avait le gracieux privilège de faire la partie du cardinal prince de Croy et l'innocente irrévérence d'en disputer les honneurs à cet illustre adversaire, qui, cependant, était d'une certaine force d'amateur au billard.

Nous avons à peu près rédigé ainsi l'explication de notre partie :

Elle se joue avec les trois billes de la partie ordinaire et trois quilles : bleue, blanche et rouge, qui sont placées sur les mouches du milieu du billard.

La quille blanche est placée sur la mouche du milieu, la rouge sur la mouche de droite, la bleue sur la mouche de gauche, et si ces deux dernières mouches n'étaient pas marquées sur le billard, en mettant entre les quilles l'espace à peu près qui serait rempli par une bille et un sixième de bille.

Durant la partie, lorsque la place d'une des quilles sera occupée, si c'est la blanche, on la placera sur la mouche de pénitence, la rouge sur la mouche du bas, la bleue sur la mouche du haut.

La bille rouge, pour commencer, occupe la mouche dite de pénitence. Et lorsque, pendant la partie, sa place sera prise, elle ira sur la mouche du haut.

Pour gagner la partie, il faudra faire cinquante points :

1° En abattant soit avec la bille rouge, soit avec la bille blanche adverse, poussée au même ou au doublé, par la sienne, en abattant ainsi, disons-nous, la quille bleue, ou bien la quille rouge, qui valent chacune cinq points ;

2° En carambolant, ce qui rapporte deux points.

Voilà les différentes manières de gagner des points, voici celles d'en perdre :

Le joueur qui, avec une des trois billes, fait tomber la quille blanche, donne cinq points, plus ceux qu'il vient de faire du même coup.

Tout joueur qui renversera une des quilles avec sa queue en ajustant, ou avant que le coup ne soit fini, perdra, c'est-à-dire donnera à son adversaire la valeur de la quille renversée, plus les points faits pendant le coup.

Une bille dérangée par un joueur lui fait perdre deux points et les points faits pendant le coup aussi. La galerie seule a le droit de replacer la bille dans le cas où il n'y a pas de points faits.

Le coup queuté ou billardé fait perdre deux points.

La bille du joueur sautant hors du billard fait perdre les points faits dans le coup, plus deux points, et elle est replacée sur la mouche du bas; si c'est la bille de l'adversaire ou la bille rouge, les points faits sont annulés seulement, la bille rouge reprend la mouche de pénitence, la blanche la mouche du bas (du milieu de la ligne du quartier), et la bille à jouer revient en main.

On continue de jouer chaque fois qu'on fait des points.

Les quilles posées, la rouge sur la pénitence, la bille blanche adverse sur la mouche du milieu, la personne qui doit commencer la partie se place dans les six pouces et joue sur la rouge; les deux adversaires, nous le répétons, joueront ensuite sur la bille qu'il leur plaira.

Coup de la partie Désiré.

(Tableau D.)

Nous nous proposons d'abattre avec la rouge la quille bleue, puis la quille rouge, tout en nous réservant une série. La situation étant telle que l'indique le tableau, nous prenons notre bille au centre, donnons le coup arrêté, afin qu'elle reste dans le haut du billard et que le travail du coup soit fait par la rouge. Cette dernière, attaquée un peu à droite, ira en effet, par la petite bande d'en haut et par la grande bande de gauche, renverser la quille bleue : puis, poursuivant sa route, elle reviendra, par la petite bande d'en bas et par la grande bande de droite abattre, à son tour, la quille rouge, pour achever son long parcours près de la bille blanche adverse. Nous avons ainsi gagné dix points et tenons une série dans l'angle gauche du billard. C'est ce que nous nous proposions ; mais ce qui est, nous en prévenons le lecteur, un peu plus facile à obtenir sur le papier que sur un tapis de billard.

Poule aux quilles.

(Tableau E.)

Cette poule, en usage aujourd'hui, se joue avec les trois billes et cinq quilles, qui ont, comme valeur, les chiffres indiqués au tableau E.

Après avoir distribué des numéros d'ordre à chaque joueur, le marqueur fera sans en regarder le chiffre, un autre tirage de boules, qu'il donnera aussi à chacun des joueurs. Seule, la personne à laquelle le hasard l'aura fait échoir, connaîtra la susdite boule, dont le nombre comptera à son possesseur comme autant de points faits pour arriver à 31.

Ces 31 points font gagner la poule au joueur qui les atteint le premier.

Si l'on dépasse ce point, on se trouve rayé de la poule, autrement dit, on meurt.

Il est de droit de se tenir à 29 et à 30.

PARTIE DÉSIRÉ. — TABLEAU D.

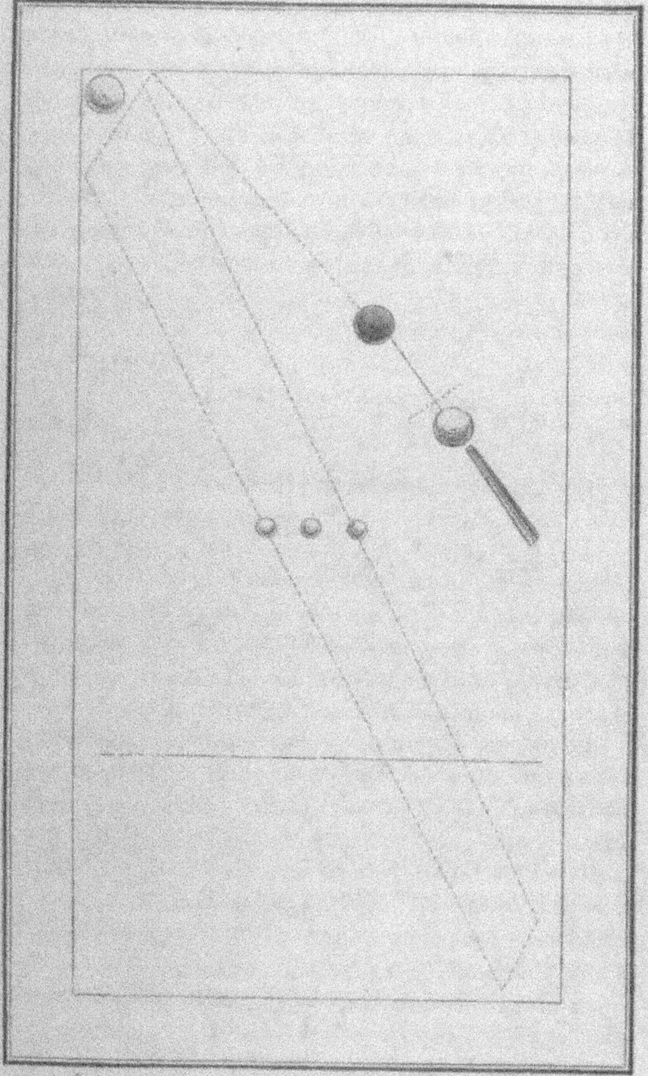

Une fois l'exactitude du point vérifiée, celui qui
s'est tenu à 29 continue à jouer, mais les quilles qu'il
abat sont pour le compte du joueur qui le précède.

Si une autre personne annonce plus tard qu'elle se
tient aussi à son point, et qu'il soit de 30, la première
n'ayant que 29 est rayée, ainsi que tous ceux qui
demanderaient à se tenir au même point.

Le point de 30 tenu par un joueur, on peut abattre
des quilles avec les trois billes indistinctement.

Poule de Sébastopol.

Il y a quelques années on a joué dans les cafés seulement, pendant fort peu de temps, d'ailleurs, une sorte de
poule dite de *Sébastopol*. Aujourd'hui, elle est à peu près
oubliée, et elle ne mérite que bien peu de regrets, car
elle n'offrait guère qu'un moyen de perdre, aussi vite
que possible, son argent au billard. On va en juger par
le peu que nous allons dire de cette poule, car nous
n'avons nullement l'intention de la ressusciter.

Le nombre des joueurs y était illimité. Chacun d'eux
faisait une mise qui variait de vingt centimes à un,
deux, trois francs, et dont le maître du café où se jouait
ladite poule, gardait, à chaque partie, la moitié. Dix-
huit quilles (si nous nous en rappelons bien le nombre),
étaient disposées sur le billard, celles-ci sur des mouches,
celles-là le long de ses bandes. Chaque quille abattue
donnait un nombre de points déterminé et le joueur
qui arrivait le premier à en faire ainsi 32 (croyons-nous
encore) gagnait la poule, c'est-à-dire la somme de toutes
les mises, déduction faite, nous l'avons dit, de la moitié

TABLEAU E.

de ces mises, quelles qu'elles fussent, et réservée au chef de l'établissement. On comprend que de semblables parties devaient aller vite, et les bourses se vider rapidement, au préjudice souvent de pauvres diables alléchés par l'espoir d'un assez beau gain.

Après avoir donné la théorie des parties de billard généralement jouées aujourd'hui, nous croyons que la plupart de nos lecteurs verront avec plaisir figurer ici les anciennes parties; d'ailleurs, si dans les villes on a supprimé les billards avec blouses, nous supposons que beaucoup de propriétaires qui habitent la campagne, ont conservé non-seulement le meuble ancien, mais encore l'habitude de jouer les anciennes parties[1], c'est donc pour ces derniers que nous ajoutons au travail de M. Désiré, les règles que l'on regarde comme classiques; c'est aussi pour ceux de nos lecteurs qui habitent loin du foyer des progrès, Paris, voulons-nous dire, que nous donnons ces règles, et les éléments de la haute école de M. Désiré pourront assurément les amener à acquérir une grande force en peu de temps, à quelque partie que ce soit, en suivant toujours cette observation du professeur, qui consiste à étudier un coup, ainsi que ses dérivés, jusqu'à ce que l'on puisse en toute occasion le jouer avec assurance.

1. Quelques personnes, il est vrai, ont épargné la dépense à faire pour recouvrir leur billard, en bouchant les blouses avec des tampons faits pour cela. Cette réparation, qui est assez adoptée, permet de jouer le carambolage seul sans grand inconvénient.

APPENDICE.

—————

RÈGLES.

—————

*Partie de la Carambole ou partie française
ordinaire.*

Article premier. La partie française ordinaire se joue
en vingt points, avec trois billes : une rouge et deux
blanches.

Chaque joueur ne joue qu'un coup ; celui qui commence doit jouer sur la rouge.

Art. 2. La rouge se place sur la mouche du haut ;
les joueurs gardent les autres billes et, chacun à son
tour, au moment de jouer, place la sienne dans le
demi-cercle de la ligne du quartier ; pourtant le joueur
qui, étant en main, jouera une bille au même à l'une
des blouses du milieu, devra placer sa bille sur la
mouche du bas (celle qui est au milieu de la corde).

Art. 3. La rouge faite, vaut trois points ; les blanches, deux points, et le carambolage, deux points. Il en est de même pour la perte, c'est-à-dire que le joueur qui se perd sur la rouge perd trois points; sur les blanches, deux points; sur le carambolage, deux points.

Art. 4. Les joueurs, après avoir remarqué leurs billes, tireront le billard en touchant la petite bande d'en haut; celui dont la bille s'arrêtera le plus près de la petite bande du bas, sera le maître de jouer le premier ou de faire jouer son adversaire; mais il ne faut pas, pour que le coup soit bon, que les billes, en roulant, se rencontrent.

Art. 5. Lorsqu'un joueur est en main, il doit jouer les deux pieds et le corps dans le billard, et au moins un pied à terre.

Art. 6. Le joueur en main qui aura joué sans avoir le pied à terre, ou sans être dans le billard, ou sans placer sa bille dans le demi-cercle ou sur la mouche quand il devait le faire, aura bien et régulièrement joué, c'est-à-dire qu'on ne pourra revenir sur le coup qui sera bon pour la perte comme pour le gain; car c'est à l'adversaire à le prévenir avant de le laisser jouer, et à lui faire observer la règle, parce qu'il n'y a pas de surprise au jeu de billard.

Art. 7. Le joueur averti à temps, et qui néanmoins a joué, perd un point, et son coup est nul; s'il a fait la rouge, elle est remise sur la mouche; s'il a fait la blanche, elle est relevée et en main. Il ne perdra qu'un point, et le résultat sera le même en cas de perte : le joueur ne pouvant perdre plus de points qu'il en aurait gagné s'il ne s'était pas perdu.

Art. 8. Le joueur qui joue la bille de son adversaire pour la sienne, a bien et régulièrement joué s'il n'a pas été prévenu, le coup est bon pour la perte et pour le gain; mais s'il avait été averti, il perdrait trois points, l'avantage de son coup, et les billes resteraient où elles se trouveraient sur le billard.

Art. 9. Le joueur qui, sur le coup de bas, préfère donner un point au lieu de chercher à toucher, doit chasser sa bille de manière à ce qu'elle passe au moins les blouses du milieu.

Art. 10. Le saut est nul, excepté pour la bille du joueur qui perd trois points s'il a joué sur la rouge ou s'il l'a faite; deux, s'il a carambolé, s'il a joué sur la blanche ou s'il l'a faite; et enfin quatre, cinq ou sept, s'il a gagné quatre, cinq ou sept points sur le coup qui a fait sauter la bille. La bille est réputée sautée si elle reste sur la bande, si elle retombe sur le billard, ou si, par une cause indépendante du joueur, elle est renvoyée sur le tapis.

Art. 11. Le joueur qui perd la partie a le droit de faire jouer son adversaire, ou de jouer le premier. Dans tout état de choses, qui quitte la partie la perd.

Art. 12. Quand la rouge est faite ou qu'on l'a fait sauter, le joueur doit, avant de jouer, attendre qu'elle soit remise sur la mouche; s'il joue auparavant, il perd un point et l'avantage de son coup. Mais, en cas de perte, s'il manque de touche, il perdra trois points. S'il a touché et carambolé, deux points; s'il a touché ou fait la rouge, trois points; et ainsi de suite.

Art. 13. Si le joueur qui manque de touche dérange d'autres billes, les billes dérangées sont remises à leurs places, et, outre le point de manque de touche, il perd encore autant de points qu'il a dérangé de billes.

Art. 14. Le joueur en main qui, s'ajustant pour jouer sur une bille du haut, en dérange une qui se trouve dans le bas, perd un point et l'avantage de son coup; la bille dérangée est remise à sa place. Toutes les fois qu'un joueur dérangera une bille en s'ajustant.

il en sera de même, et son adversaire aura le droit de
l'empêcher de jouer son coup, si le coup de queue n'est
pas donné.

Art. 15. Si le joueur dérange plusieurs billes, avant
d'être ajusté, il perd autant de points qu'il a dérangé
de billes, et elles sont remises à leurs places : il joue
ensuite son coup.

Art. 16. Le joueur qui souffle sur une bille, ou qui
remue le billard de manière à déranger l'effet du coup,
perd trois points ; sa bille est relevée et en main : les
autres billes restent où elles se trouvent.

Art. 17. Si la bille d'un joueur est dérangée par un
étranger, avant qu'elle n'ait touché une autre bille, le
coup sera recommencé ; et si la bille touchée a eu con-
tact avec une autre bille, elle sera placée à l'endroit où
les joueurs et les personnes présentes jugeraient qu'elle
se serait arrêtée. En pareil cas, tout doit se décider de
bonne foi ; car, si la galerie jugeait que la bille dérangée
se serait perdue, qu'elle aurait été faite, ou qu'il y
aurait eu carambolage, la perte ou le gain serait compté
à qui de droit.

Art. 18. Lorsqu'un joueur *queute*, c'est-à-dire lorsque
la bille sur laquelle il joue est assez près de la sienne
pour recevoir l'impulsion de son coup de queue, et est
suivie par sa bille, la bille du joueur est relevée, et le
coup est nul pour la perte comme pour le gain. Si,
après le coup, les deux billes se touchent, on doit les
relever et les mettre en main, attendu l'impossibilité
de jouer sans *queuter*. Quand la rouge est relevée, on
la place sur la mouche.

Art. 19. Lorsqu'un joueur ne joue plus que pour un
point, et que son adversaire, ne se le rappelant pas, lui
donne ce point par un manque de touche volontaire,
la partie est remise en un point de plus, ou le coup

est recommencé; le joueur qui gagne le point en décide.

Art. 20. Si la mouche du haut était occupée par une bille blanche, quand on y doit placer la rouge, celle-ci serait posée sur la mouche du milieu, ou mise à la pénitence si la mouche du milieu était également occupée; mais, après le coup consommé, si elle n'a pas été touchée, on doit la remettre à sa place devenue vacante.

Art. 21. Une bille, arrêtée très-près d'une blouse, et qui y tombe, avant d'avoir été touchée par celle du joueur ou par la rouge, est remise à la même place, et le joueur recommence son coup. Deux billes qui se trouvent au-dessus d'une blouse sans y entrer, sont réputées dedans, et le coup est bon pour la perte comme pour le gain.

Art. 22. Lorsque, sur un billard public, deux joueurs jouent de l'argent ou parient entre eux, le gagnant doit payer les frais; mais, si le gain était insuffisant, les joueurs payeraient le surplus par moitié.

Art. 23. Le joueur ne doit, sous aucun prétexte, toucher à sa bille, tant qu'elle est sur le tapis: s'il la touche, il perd un point, et, si elle a été dérangée, elle est remise à sa place.

Art. 24. La galerie juge tous les coups imprévus, et, à son défaut, le maître du billard. Aucune surprise n'étant admise, la galerie, lorsqu'il y a erreur de points, en avertit les joueurs sans être consultée. Les paris sont nuls de droit quand les joueurs qui parient avec la galerie, font entre eux des arrangements préjudiciables aux parieurs.

Art. 25. La partie française se joue aussi à quatre; alors deux joueurs jouent de moitié contre les deux autres et alternativement chacun son coup.

Art. 26. A trois, si un des joueurs fait la chouette, il joue deux fois contre une fois des deux autres, et toujours avec sa bille. Les deux joueurs jouent alternativement et tous deux avec la même bille.

Art. 27. A trois, chacun pour soi, on joue alternativement : le premier sort en seize points ; les deux autres continuent jusqu'à vingt points, et peuvent remettre la partie en vingt-quatre.

Art. 28. Dans la partie à trois, chacun pour son compte, il n'y a point de coups de bas : la bille rouge rentrée au quartier se replace sur la mouche du haut.

Partie française, la Carambole à suivre.

Article premier. La partie à suivre se joue en vingt-quatre points, avec trois billes, la rouge et les deux blanches, qui ont la même valeur qu'à la partie française ordinaire.

Art. 2. Le joueur qui fait des points continue à jouer jusqu'à ce qu'il n'en fasse plus ; son adversaire joue alors et continue de même tant qu'il fait des points.

Art. 3. Pour tous les autres coups, consultez les règles de la partie ordinaire, si ce n'est cependant que le joueur qui a sa bille en main, et qui joue une bille au milieu, n'est pas obligé de placer sa bille sur la mouche, ni même dans les six pouces.

Art. 4. Elle se joue aussi à quatre, en vingt points.

Alors chacun des joueurs en second ne remplace son *partner* qu'après que celui-ci a perdu deux points, par sa propre perte, deux manques de touche, ou un carambolage ou une bille faite par l'adversaire.

Art. 5. A trois, elle se joue comme la partie française ordinaire, avec cette différence toujours, que l'on ne discontinue pas de jouer tant que l'on fait des points.

Partie de Doublé.

Article premier. Les règles de la partie française à suivre sont applicables à celle-ci, sauf les exceptions suivantes.

Art. 2. Elle se joue en seize points.

Art. 3. Aucune bille ne peut être faite qu'en la doublant ; les coups de bricole et de talon sont interdits ; les coups durs et les contre sont bons.

Art. 4. Toute bille faite au même compte pour l'adversaire, à moins de convention contraire.

Art. 5. Tous les carambolages sont bons.

PARTIE DE DOUBLÉ.

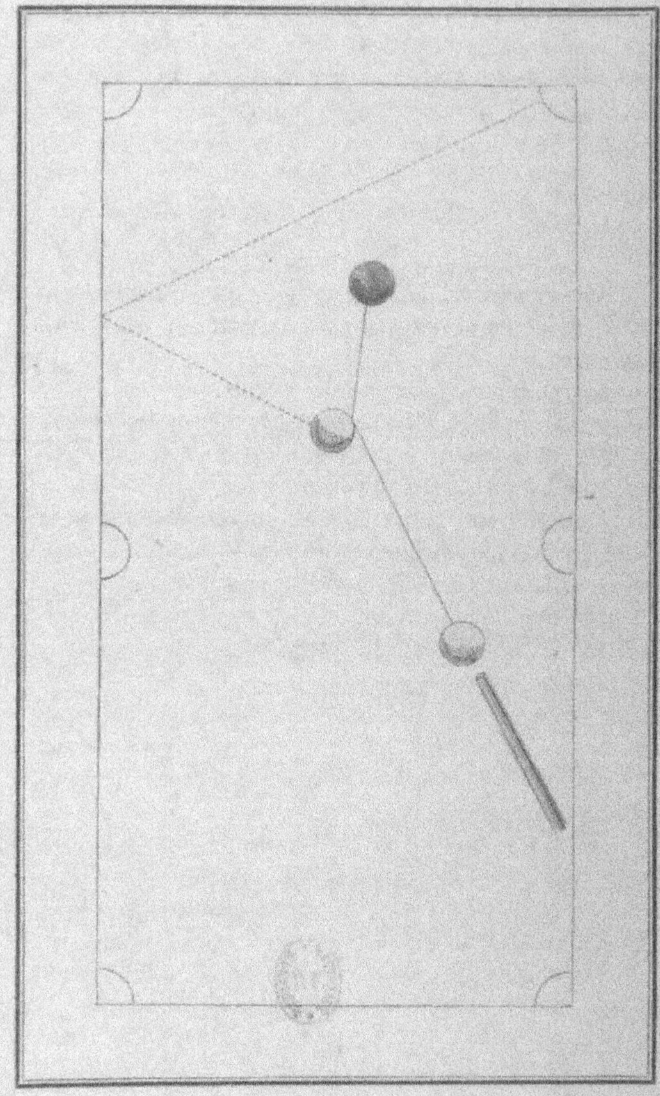

Partie de la Poule.

DISPOSITIONS PRÉLIMINAIRES.

ARTICLE PREMIER. Après avoir déposé leurs mises, les joueurs se rangeront autour du billard, le marqueur prendra autant de billes qu'il y a de joueurs, et les mettra dans un panier disposé à cet effet ; après les avoir suffisamment remuées, il les distribuera, une à une et sans passer de tour, à chaque joueur en commençant par sa droite et en nommant distinctement le numéro de chaque bille, qui déterminera le tour de chacun. Les joueurs seront marqués sur l'ardoise au numéro des billes qu'ils auront reçues.

ART. 2. Si, pendant le premier tour, plusieurs personnes se présentent pour entrer à la poule, il sera fait, pour elles seules, une nouvelle distribution de billes pour déterminer leurs tours, et elles entreront sans prendre de marque, quand bien même d'autres joueurs seraient déjà marqués ; si le premier tour est terminé ou après plusieurs tours, on ne pourra entrer que du consentement de tous les joueurs et en prenant marque égale à celle des joueurs qui en a le plus.

ART. 3. Si chaque joueur a reçu sa bille à son tour, les paris sont bons, quoiqu'il y ait eu erreur dans la distribution des billes ; par exemple, si le marqueur ayant douze billes à distribuer, a mis dans le panier le n° 21 pour le n° 1 ou le n° 2, le joueur qui recevrait la bille n° 21, sera bien inscrit et marqué sur l'ardoise sous le n° 1 ou 2, mais il n'en gagnera pas moins tous les paris, attendu que le gain du pari est toujours au plus fort numéro. (*Voyez* article 40.)

ART. 4. La personne qui, présente à la distribution des billes, ou arrivant après, laisserait recommencer un tour sans demander à entrer à la poule, ne pourra y être admise.

ART. 5. Les joueurs ne peuvent changer de numéro, et nul ne peut jouer pour un autre, excepté le cas de prise à faire. (Voyez article 12 ci-après.)

ART. 6. Le joueur qui meurt le premier, peut, si la poule est composée d'au moins cinq joueurs, y rentrer sous le même numéro, en mettant une nouvelle mise et en prenant autant de marques que le joueur qui en a le plus.

DE L'ACQUIT.

ART. 7. Le joueur qui a le n° 1 donnera son acquit qui doit, d'un seul coup de queue, dépasser les blouses du milieu; s'il juge sa bille mal placée, il peut la faire mettre à la pénitence, ce qu'on ne peut lui refuser; mais, lorsque l'acquit n'a pas dépassé les blouses du milieu ou que le joueur s'est perdu, sa bille est, de droit, placée à la pénitence. Pour jouer en main, et par conséquent donner l'acquit, le joueur doit avoir les deux pieds dans le billard.

ART. 8. Le n° 2 jouera avec l'autre bille, sur le n° 1 qui a donné l'acquit, et le n° 3 jouera avec la bille du n° 2, et ainsi de suite.

ART. 9. L'acquit étant donné, si le joueur qui doit jouer dessus vend sa bille, celui qui a donné l'acquit a le droit de le recommencer, même dans le cas où il aurait mis sa bille à la pénitence; mais si elle y a été mise pour n'avoir pas dépassé les blouses du milieu, elle y sera maintenue.

Art. 10. Après bille faite, perte, saut ou manque de touche, les deux billes sont relevées, et le numéro suivant donne l'acquit.

CAS OU FAUTES QUI FONT PRENDRE UNE MARQUE.

Art. 11. Le joueur prendra une marque :

1° S'il a manqué de touche ;

2° S'il s'est perdu, ne donnant pas l'acquit ;

3° S'il a fait sauter sa bille ;

4° S'il a queuté ;

5° S'il a touché ou dérangé sa bille mal à propos ;

6° S'il a dérangé une bille roulante ou arrêtée, à moins que le coup joué ne fût mauvais ;

7° Si, après avoir été appelé trois fois, il n'a pas répondu ;

8° Si, après avoir pris à faire, il n'a pas fait la bille (article 12) ;

9° Si sa bille a été faite par celui jouant sur lui, sans qu'il y ait eu faute (article 15) ;

10° Si, ayant conseillé de prendre à faire, la bille a été faite par celui qu'il a conseillé (article 16) ;

11° Si, par suite de ces conseils, une bille a été faite par le joueur conseillé (article 17).

Art. 12. Chacun des joueurs est libre de prendre à faire (*Voyez* article 18), mais s'il ne fait pas la bille il prend une marque. Le joueur ne peut pas empêcher un autre joueur de prendre à faire, mais il peut garder pour lui la prise à faire et jouer le coup, et il est également marqué s'il ne fait pas bille.

Art. 13. Si plusieurs joueurs veulent prendre à faire, celui qui aura parlé le premier aura la préférence, à moins que celui que son numéro appelle à jouer la réclame.

Art. 14. Quand on a pris à faire, que la bille soit faite ou non, le joueur suivant donne l'acquit.

Art. 15. La bille faite, sans qu'il y ait eu faute, est marquée.

Art. 16. Le joueur qui conseillera de prendre à faire, sera, si la bille est faite par suite de son conseil, marqué lui-même, ainsi que le possesseur de la bille faite [1].

Art. 17. Les conseils sont interdits. S'il arrive donc que, par suite des conseils de l'un des joueurs, une bille soit faite, le possesseur de cette bille peut exiger que le joueur prenne également une marque.

Art. 18. Le possesseur d'une bille qui n'est marquée qu'une fois peut s'opposer à la prise à faire par un joueur qui n'a plus qu'une marque à prendre ; mais le coup sera bon et la prise à faire aura son effet, s'il n'y a pas eu d'opposition.

DE L'ACHAT ET DE LA VENTE DES BILLES.

Art. 19. Un joueur peut vendre sa bille à un autre, pourvu que celui qui achète ait fait partie de la poule et que sa bille soit morte ; mais le vendeur ne peut plus reprendre sa bille ; il ne peut non plus en racheter une autre qu'autant que le numéro de la sienne aura été rayé du tableau.

----

1. Dans quelques lieux, et dans ce cas, le possesseur de la bille faite n'est pas marqué, mais c'est à tort.

Art. 20. Le joueur qui achète une bille la prend telle qu'elle est à l'instant de l'achat, et ne peut y toucher sous aucun prétexte. (*Voyez* article 9.)

Art. 21. La bille vendue *mise ou*, c'est-à-dire *mise ou partage*, se paye, en cas de gain, moitié de la poule ; et, en cas de perte, seulement la mise.

Art. 22. La bille vendue *mise et*, c'est-à-dire *mise et partage*, se paye, en cas de gain, la mise prélevée sur la totalité de la poule, plus la moitié de ce qui reste ; et, en cas de perte, seulement la mise.

Art. 23. La bille vendue *moitié partout* se paye, en cas de gain, la moitié de la poule ; et, en cas de perte, la moitié de la mise.

Art. 24. La bille vendue *mise en poche et*, c'est-à-dire *mise en poche et partage*, se paye, en cas de gain, la moitié de la poule, plus une mise ; et, en cas de perte, seulement la mise.

DISPOSITIONS GÉNÉRALES.

Art. 25. Si les deux billes se touchent sur le tapis, elles seront relevées, et le joueur dont c'est le tour donne son acquit.

Art. 26. Si le joueur fait sauter la bille sur laquelle il joue, les billes sont relevées, et le joueur suivant donne son acquit. Dans quelques villes, dans ce cas, on marque celui des joueurs dont la bille n'est pas restée sur le tapis.

Art. 27. Lorsqu'une bille, ou toutes deux, roulant, sont dérangées par une personne étrangère, elles sont relevées, et l'acquit est donné par le joueur qui vient de jouer, si la bille qui a été dérangée est la sienne ;

mais si c'est l'autre bille, l'acquit est donné par le joueur suivant [1].

Art. 28. Si les billes étaient arrêtées, quand elles ont été dérangées, soit par un étranger, soit par un joueur, elles sont remises à leurs places par le marqueur et d'après l'avis de la galerie.

Art. 29. Le joueur qui, n'ayant plus qu'une marque à prendre, fera exprès de déranger les billes, ne pourra plus rentrer à la même poule, et les billes seront remises en place.

Art. 30. On ne peut revenir sur un coup, quand, sans réclamation, un autre coup a été consommé depuis.

Art. 31. Le coup joué par un joueur dont ce n'était pas le tour, n'en est pas moins bon, pour la perte comme pour le gain ; c'est au joueur, sur lequel on joue, à s'assurer du numéro de la bille de son joueur et à veiller à la sûreté de la sienne. Le joueur qui a le numéro après celui du joueur qui s'est trompé, joue son coup, et ainsi de suite. Cependant, si cet incident avait lieu avant la fin du premier tour de poule, les joueurs reprendraient chacun leur numéro : par exemple, si le n° 5 avait joué sur le n° 3, ce serait au n° 4 et non au n° 6 à jouer après, et ainsi de suite.

Art. 32. Si trois joueurs défendent une poule, elle

1. Beaucoup de personnes sont d'avis qu'il est injuste de faire donner l'acquit par celui qui vient de jouer et dont la bille a été dérangée pendant qu'elle roulait, puisque c'est lui faire courir la chance, souvent probable, d'être fait, tandis qu'il aurait pu lui-même faire la bille sur laquelle il jouait, si on n'avait pas arrêté ou dérangé la sienne.

Ces personnes pensent que, dans ce cas, la position de ce joueur doit être la même que celle de celui sur qui il jouait, et que l'acquit doit être donné par le joueur suivant : c'est un objet à convenir.

peut être remise deux fois; s'il ne reste que deux joueurs, elle peut l'être trois fois.

Art. 33. Le joueur qui défend la poule ne peut pas sauver plus de moitié de sa valeur, car il y aurait, pour lors, bénéfice dans la perte; s'il en sauve la moitié ou s'il vend sa bille pour ce prix, son adversaire a le droit de partager la poule avec lui.

Art. 34. Le montant des frais et le prix de la mise sont fixés par le maître du billard ou celui qui le représente.

Art. 35. Chacun devant être seul contre tous, toute association illicite, tout arrangement de faire gagner ou perdre tel ou tel joueur, sont sévèrement défendus, la bonne foi et la loyauté étant de règle au jeu de billard. Si un joueur sauve quelque chose sur une bille, il ne peut rentrer à la poule qu'autant que le numéro de cette bille serait rayé du tableau.

Art. 36. Le montant de la poule, frais prélevés, appartient au dernier restant des joueurs.

Art. 37. L'on meurt, à moins de convention contraire, jusqu'à six joueurs, en quatre marques.

De sept à douze inclus, en trois marques.

De douze à vingt, en deux.

De vingt et au-dessus, en une.

DES PARIS.

Art. 38. Les paris sont admis à la poule.

Ils peuvent être faits par les joueurs, comme par les personnes de la galerie.

Art. 39. Dans un billard public, le maître a le droit d'en fixer le maximum; il peut même les interdire.

Art. 40. Quand les paris ont pour base le plus haut

numéro sortant du panier, de quelque manière que ces numéros aient été donnés par le garçon de billard, ils sont bons pour les parieurs. (*Voyez* article 3.)

Art. 41. Les *paris* établis sur une bille sont bons, et ne sauraient être subordonnés aux changements des joueurs qui vendent ou achètent ladite bille.

Partie à décompter.

Article premier. Cette partie se joue en vingt-quatre points, avec les billes de la partie ordinaire, qui ont la même valeur.

Art. 2. Le premier qui fait des points les compte et continue comme dans la partie à suivre ; quand ensuite son adversaire en fait, ce dernier les compte à son tour, et le premier diminue le nombre de points qui viennent d'être faits sur ceux qu'il avait déjà. La partie se continue ainsi, de façon que, quand un joueur fait des points, ils lui sont comptés en plus à lui-même et en moins à son adversaire.

Art. 3. Les joueurs conviennent quelquefois de jouer cette partie en rabattant tous les points. Dans ce cas, quand un joueur fait des points, il les compte, et son adversaire, en eût-il vingt-trois, les perd tous. Si ensuite ce dernier en fait à son tour, le premier revient à zéro. De telle manière que pour gagner, il faut faire les vingt-quatre points de suite, ou du moins sans que l'adversaire en prenne.

Art. 4. Dans ce dernier cas cependant, il n'y a lieu à décompter pour le manque de touche, qu'autant que le joueur en ait fait deux de suite. Souvent même, les joueurs conviennent de ne pas décompter après les manques de touche, ni après les pertes.

ART. 5. Pour les autres coups, il faut consulter les règles de la partie à suivre et de la partie ordinaire.

Partie des trois blouses.

ARTICLE PREMIER. Cette partie se nomme ainsi parce que les joueurs se partagent le billard en longueur, et que chacun en prend un côté. On tire le billard : le gagnant choisit et prend ordinairement, s'il est droitier, le côté gauche, qui présente le plus d'avantage, en raison des facilités qu'il offre pour jouer certains coups qui seraient plus difficiles de l'autre côté; aussi doit-il laisser à son adversaire le choix de jouer avant ou après lui.

ART. 2. La partie se joue en vingt-quatre points avec les trois billes de la partie ordinaire, qui conservent la même valeur : les joueurs se placent dans le demi-cercle de douze pouces de diamètre.

ART. 3. La perte et le gain se comptent, et l'adversaire ne gagne qu'un point si le joueur se perd sans avoir touché.

ART. 4. Chaque joueur compte les billes qu'il fait dans ses blouses et celles qu'y fait son adversaire.

ART. 5. Le joueur qui se perd dans ses blouses, après avoir touché la blanche, compte deux points, et trois points s'il a touché la rouge : il comptera quatre points s'il se perd et fait la blanche, ou s'il se perd sur un carambolage, et six points s'il se perd et fait la rouge, toujours dans ses blouses.

ART. 6. Si le joueur se perd sur le coup de quatre,

il comptera six points ; sur le coup de cinq, sept points,
et sur le coup de sept, neuf points. Il faut, dans tous
les cas, que les points et les pertes se fassent dans les
blouses du joueur qui les compte.

Art. 7. Le joueur qui, ayant fait des points dans ses
blouses, se perdra dans celles de son adversaire, ou
qui, ayant fait des points dans les blouses de son adversaire, se perdra dans les siennes, laissera compter à
son adversaire tous les points qu'il aurait comptés lui-
même s'il les eût faits dans ses blouses ; il en sera de
même si, après avoir carambolé, il se perd dans les
blouses de son adversaire.

Art. 8. Les joueurs auront recours, pour tous les
autres coups, aux règles de la partie ordinaire.

Partie à six billes,

DEUX BLANCHES, DEUX JAUNES ET DEUX ROUGES[1]

Article premier. Les deux billes blanches sont celles
des joueurs. Les rouges se placent en face des blouses
d'en haut à dix-huit pouces des blouses et des bandes.
Les jaunes se posent à l'alignement des rouges en face
des blouses du milieu.

Art. 2. Quand les joueurs commencent ou sont *en
main*, ils se placent dans tout le quartier indifféremment, et sans être obligés de se mettre *dans le billard*.

Art. 3. La partie est à suivre et se compte en soixante
points.

---

1. Cette partie ne se joue ordinairement qu'en famille ou entre
amis, sur des billards qui ne sont pas publics. Sur un billard public,
la partie se termine en quarante points.

Art. 4. Les billes rouges ne se font qu'aux blouses de coin, et comptent quatre points; les jaunes ne se font qu'au milieu, et comptent cinq points; les blanches se font partout, et comptent trois points.

Art. 5. Les carambolages à deux billes comptent un point, et les autres en comptent deux.

Art. 6. Les autres règles de la partie française ordinaire et de celle à suivre sont applicables à celle-ci.

Partie des cinq blouses sauvées.

Article premier. Cette partie se joue en quinze points, avec les trois billes de la partie ordinaire, qui ont la même valeur.

Art. 2. Le joueur qui, sans autre convention, sauve cinq blouses, compte les billes qu'il fait dans sa blouse seulement, ses carambolages et les fautes de son adversaire, comme à la partie ordinaire.

Art. 3. Le joueur qui sauve cinq blouses ne perdra qu'un point s'il se perd dans sa blouse sans avoir touché; s'il s'y perd, ayant fait des points, il comptera tous les points faits sur le coup et ne perdra rien; mais s'il se perd dans l'une des cinq blouses sauvées, il perdra deux points s'il a touché la blanche, et trois points s'il a touché la rouge; s'il a carambolé ou fait bille dans sa blouse, il perdra les points qu'il aurait gagnés.

Art. 4. Le joueur à qui l'on sauve cinq blouses ne compte pas les billes faites dans la blouse de son adversaire; mais s'il s'y perd, l'adversaire comptera tous les points que le joueur aurait gagnés, comme à l'art. 3.

Art. 5. Le joueur qui sauve cinq blouses *à perte et à gain* compte toutes les billes faites dans sa blouse par lui ou par son adversaire.

Art. 6. La partie se joue en vingt points quand un joueur sauve cinq blouses *à perte et à gain réciproquement*.

Art. 7. Si le joueur, qui fait bille dans sa blouse, se perd dans celle de son adversaire, ce dernier compte le gain ; comme, si le joueur fait bille dans la blouse de son adversaire et se perd dans la sienne, c'est encore l'adversaire qui comptera le gain ; quand le joueur fait des points et se perd dans sa blouse, il compte les points faits, plus deux points : ainsi, s'il se perd après avoir fait la blanche et le carambolage, il comptera quatre points ; après le coup de quatre, six points ; après le coup de cinq, sept points ; après le coup de sept, neuf points ; mais après avoir fait la rouge seule, la perte comptera trois points et il en marquera six. Il faut, dans tous les cas, que les billes et la perte se fassent dans la blouse du joueur.

Art. 8. La partie se joue en douze points lorsque les joueurs se sauvent réciproquement cinq blouses.

Art. 9. Pour tous les autres coups, il faut avoir recours aux règles de la partie ordinaire.

Partie russe.

Article premier. La partie russe se joue en trente-six ou quarante points et à suivre, avec cinq billes : une rouge, une jaune, une bleue et deux blanches.

Art. 2. On place la rouge sur la mouche du haut, la jaune sur la mouche du milieu, et la bleue sur la mouche du bas. Lorsqu'on est en main, on ne peut jouer sur cette dernière, sinon de bricole et après avoir touché la petite bande d'en haut.

Art. 3. Le premier joueur donne l'acquit; s'il touche une des billes, il perd un point; deux points, s'il touche deux billes, et trois points s'il les touche toutes les trois. On remettra les billes touchées à leur place et l'acquit sera recommencé.

Art. 4. Celui qui joue le second ne peut tirer que sur l'acquit, c'est-à-dire sur la bille blanche; s'il en touchait d'autres avant d'avoir touché la blanche, il perdrait autant de points qu'il aurait dérangé de billes; s'il faisait bille ou s'il carambolait, il perdrait autant de points qu'il en aurait compté, en admettant que le coup fût bon; s'il se perdait, en ne touchant qu'une des billes, sa perte serait comptée selon la valeur de la bille touchée.

Art. 5. Si la bille du joueur se trouve occuper la mouche d'une des trois billes qu'il vient de faire, cette bille est relevée, la bille faite remise à sa place, et celle du joueur est placée à six pouces de distance et au milieu de la petite bande qui est la plus éloignée de la bille de l'adversaire; elle serait placée à la pénitence si l'autre bille se trouvait à la hauteur des blouses du milieu.

Art. 6. La rouge et la bleue comptent pour quatre points et ne peuvent se faire qu'aux blouses des quatre coins; la jaune compte pour six points et ne peut se faire qu'aux blouses du milieu; les blanches se font partout: elles comptent chacune pour deux points. Si les billes rouge, bleue et jaune sont faites ailleurs que dans leurs blouses, elles comptent pour l'adversaire.

Art. 7. Le carambolage se fait sur toutes les billes, il compte pour deux points.

ART. 8. Si la mouche, sur laquelle doit être placée une bille, se trouve occupée tandis que les deux autres sont libres, la bille faite, si c'est la rouge, sera placée sur la mouche du bas; si c'est la bleue, sur la mouche du haut; on ne pourra les mettre à la place de la jaune qu'autant que leurs places respectives se trouveront prises, et que celle-là seule sera vacante. Les trois mouches étant occupées, la bille faite sera mise à la pénitence; la mouche du milieu étant occupée, la jaune sera placée sur celle des deux autres qui se trouvera être la plus éloignée de la bille du joueur; et si une bille était à égale distance des mouches disponibles, ou si ces mouches étaient toutes deux occupées, la jaune serait mise à la pénitence. Si la jaune, placée à la pénitence, n'a pas été touchée par l'effet du coup, elle sera remise sur la première place vacante, et, de préférence, sur celle du milieu, ce qui aura lieu, ensuite, si le premier coup joué n'en a pas fourni l'occasion.

ART. 9. Les règles de la partie ordinaire serviront pour tous les autres coups.

Partie française à écrire.

ARTICLE PREMIER. Les règles de la partie à suivre s'appliquent à celle-ci, qui se joue en huit marqués avec les mêmes billes.

ART. 2. Chaque marqué est de douze points, plus deux de consolation.

ART. 3. La petite bredouille double le marqué et les points de consolation; elle appartient au joueur qui, le premier compte trois points; celui-ci la perd et ne peut plus la reprendre, quand son adversaire a pris trois points qui la lui donnent à son tour; il peut cependant l'annuler, en comptant trois autres points. Pour conserver la bredouille, le joueur doit donc prendre le marqué sans que l'adversaire ait pu compter trois points depuis qu'il l'a prise; ces trois points doivent être pris ou reçus, sans que l'adversaire en fasse; autrement la bredouille ne serait point annulée. Si le joueur manque de touche, n'ayant encore fait qu'un ou deux points pour prendre ou annuler la bredouille, ce qu'il avait de points ne pourra plus lui compter pour prendre ou annuler la bredouille. Le marqué ne peut être complété par une perte ou des points donnés, le joueur devra faire les points qui le terminent; en supposant, par exemple, que le joueur ait neuf points et que son adversaire se perde de trois, il compterait bien douze points, mais il faut, pour sortir, qu'il en fasse encore deux ou trois, c'est-à-dire qu'il en ait quatorze ou quinze. Si, avec ces quatorze ou quinze points, le joueur ne se retirait pas pour prendre un second marqué, ce qui lui donnerait la grande bredouille, et que son adversaire vînt à faire trois points, il perdrait alors la petite bredouille.

ART. 4. Si la bredouille n'est prise par aucun des joueurs, la partie se joue comme la partie ordinaire, avec cette différence, cependant, qu'on ajoutera deux points de consolation à chaque marqué.

ART. 5. La grande bredouille quadruple le marqué et les points de consolation; elle se perd et s'annule, ainsi qu'on l'a dit pour la petite bredouille.

ART. 6. Le premier postillon que l'on prend, lorsque l'adversaire a été marqué cinq fois, vaut vingt-huit points, les trois autres ne valent chacun que huit points.

ART. 7. La queue vaut vingt points; elle est gagnée

par le joueur qui a pris le plus de points ; un point de
plus suffit seul pour la faire gagner.

Art. 8. Le gagnant compte, à chaque partie, combien
il a de fiches de bénéfices (la fiche vaut dix points). On
établira ainsi ce compte : en supposant que le gagnant
ait fait cent cinquante-cinq points et que son adversaire
en ait seulement fait cinquante, ce dernier ne comptera
rien pour lui, mais ses points en effaceront un nombre
égal au gagnant qui ne comptera plus que cent cinq
points, qui font onze fiches au lieu de dix et demie ;
parce que, lorsqu'on a atteint cinq points, ces cinq
points valent une fiche ; de même que, lorsqu'on n'a
pas atteint ce nombre, les points faits sont perdus :
quinze points font donc deux fiches, et quatorze points
n'en font qu'une.

VOCABULAIRE.

Termes techniques et Remarques.

Acquit. — Action de chasser du quartier, avec la queue, une bille ou deux billes, comme pour le commencement de la partie du casin, par exemple.

Bandes. — Les quatre rebords encadrant le billard. On appelle grande bande de droite et grande bande de gauche celles qui sont à droite et à gauche de la personne qui joue du quartier; petite bande d'en bas celle qui forme la base du quartier, et petite bande d'en haut celle qui lui est opposée.

Billard. — Une définition serait surabondante; contentons-nous de dire que les meilleurs sont ceux dont la table est en ardoise et dont les bandes sont faites de lisières bien d'aplomb. Leur longueur varie, la plus usitée est celle de 3ᵐ10 environ. Les billards fabriqués par la maison *Chéreau* sont particulièrement appréciés aujourd'hui.

Billarder. — Faute qui consiste à pousser deux billes à la fois du même coup de queue, c'est-à-dire à frapper avec la bille sur laquelle on joue une autre bille avant que le procédé ait quitté la première.

Billes. — Pas de définition à donner non plus. La préférence est due à celles du poids de 18 onces à peu près.

Bloquer (*une bille*). — Ancien terme qui signifiait l'envoyer directement et rapidement dans une blouse.

Blouses. — Petites cavités, au nombre de six, existant aux quatre angles et au milieu des deux grandes bandes des anciens billards.

Bricole, Bricoler. — Jouer de bricole ou bricoler, c'est toucher avec la bille une bande pour en être rejeté sur la bille que l'on veut attaquer.

Carambolage, caramboler. — Faire un carambolage, ou caramboler, c'est toucher directement ou au moyen des bandes deux autres billes avec la sienne, chassée d'un seul coup de queue.

Collée (*bille*). — Une bille collée est celle qui est arrêtée près d'une bande qu'elle touche.

Contre. — Rencontre d'une bille qui, par l'effet de la bande, revient sur celle qui l'a touchée.

Coup de bas. — Coup joué par une personne qui est en main, les deux autres billes se trouvant dans le quartier et ne pouvant être attaquées que par la petite bande d'en haut ou les grandes bandes de côté, après que la bille jouée a été lancée hors du quartier.

Doublé. — Fait d'une bille qui, attaquée par celle du joueur, touche une bande avant de réaliser, ou pour réaliser ce qu'elle doit faire; par exemple, dans la partie Désiré, la bille blanche adverse poussée par celle du joueur sur la petite bande d'en haut, d'où elle revient abattre la quille bleue ou rouge; ou bien encore, pour les billards à blouses, la rouge chassée par la bille jouée sur la grande bande de droite, d'où elle vient tomber dans la blouse de l'angle gauche du haut du billard.

Effets. — Résultats des différentes manières de prendre la bille avec sa queue et d'attaquer une autre bille avec la sienne, et de toucher la bande avec cette même bille.

Main (*Être en*). — On dit qu'une personne est en main, lorsqu'elle doit jouer en plaçant sa bille dans la demi-circonférence en dedans du quartier, dont les trois mouches du bas du billard représentent la corde.

Même. — On appelle coup fait au même, celui qui a été exécuté directement, sans l'aide des bandes.

Mirer. — Synonyme de viser, ajuster.

Mouches. — Petites rondelles marquant certains points du billard. Il y en a trois, à la distance à peu près d'un cinquième de la longueur du billard à partir de la petite bande d'en bas; lesquelles forment une ligne droite parallèle à cette bande, et qui, prolongée par l'imagination, représente la limite supérieure du quartier; on les appelle mouches du bas; puis une, et sur les nouveaux billards trois également, dans la même position au milieu du tapis; elles ont reçu le nom de mouches du milieu; puis encore une dans le haut du billard à une courte distance de la petite bande d'en haut; on l'appelle mouche d'en haut, et mouche de la rouge; enfin une dernière assez près de la petite bande d'en haut désignée sous le nom de la *Pénitence*.

Pénitence. — La mouche la plus proche de la petite bande d'en haut.

Procédé. — Système adapté au petit bout de la queue, et composé d'une calotte de cuir de vache, formant à peu près un quart de sphère, laquelle est supportée par une partie cylindrique d'un millimètre et demi d'épaisseur, posée sur une rondelle de cuir plus dur; telle est du moins la forme des procédés que nous conseillons.

Quartier. — Espace du billard compris entre la petite bande du bas et la ligne prolongée des trois mouches du bas. (*Voy. Mouches.*)

Queue. — Ici encore nous avons plutôt un conseil à exprimer qu'autre chose : à notre avis, les meilleures queues sont celles qui réunissent les conditions suivantes : longueur 1m40 environ, c'est-à-dire 5 centimètres à peu près de plus que n'ont ordinairement les queues le plus en usage; cette petite augmentation de longueur offre cet avantage de donner plus de puissance pour les coups difficiles, en habituant aussi le joueur à une plus grande flexibilité de la main; un peu de pesanteur dans le gros bout, autant de légéreté que possible dans tout le reste de la queue. La maison *Hiolle* est, avec raison, réputée pour fabriquer d'excellentes queues de billard.

Queuter. — Faute qui consiste à conduire sa bille avec la queue, au lieu de se borner à la frapper.

Saluer (*une bille*). — C'est dépasser la bille sur laquelle on joue et que l'on ne touche pas.

Six pouces. — Espace compris dans le demi-cercle (supposé) en dedans du quartier, et dont les trois mouches du bas sont la corde.

Touche (*Manque de*). — C'est ne toucher aucune bille avec la sienne.

TABLE.

PARIS. — J. CLAYE, IMPRIMEUR, RUE SAINT-BENOIT, 7.